THE
END
OF THE
DARK
ERA

Phoneme Media
P.O. Box 411272
Los Angeles, CA 90041

First Edition, 2016

ISBN: 978-1-939419-80-4

This book is distributed by Publishers Group West

Cover art by Tseveendorjin Oidov
Cover design and typesetting by Jaya Nicely

Printed in the United States of America

Phoneme Media is a nonprofit media company dedicated to promoting cross-cultural understanding, connecting people and ideas through translated books and films.

http://phoneme.media

Curious books for curious people.

TSEVEENDORJIN OIDOV

THE END OF THE DARK ERA

Translated from the Mongolian
by Simon Wickhamsmith

TRANSLATOR'S NOTE

What is modern? Mongolia seems to have an especially uneasy relationship with this question. The trappings of Western materialism do not necessarily signal the presence of modernism, and in Mongolia the very few truly modernist voices in the arts are equally at home with the intensely traditional nomadic culture, with the very real and ubiquitous contemporary presence of Chinggis Haan, with devoted practice of shamanism and Buddhism, and with the sense of the nation remaining a powerful force within Asia.

Tseveendorjin Oidov stands alone in the Mongolian literary scene as a poet who has for more than forty years pursued his own path, apparently disinterested in the fashions of politics or style, focused rather on his artistic vision. I met him in 2013, when I was researching a group of writers with which he had been active during the late 1970s. This group, called *Gal* (Fire), had as its primary aim the encouragement of its members to find their own artistic vision, an aim which perfectly suited Oidov's particular and singular talents. I was immediately struck by the way in which, while acknowledging Mongolian traditional culture in his work—some of his poems have been written by channeling shamanic spirits—he makes art that draws on strands of European modernism and depends upon a determined and unwavering belief in his own vision.

Many of these poems are accompanied by images, elegant line drawings reminiscent of Aubrey Beardsley or Picasso (whom Oidov refers to as one of his teachers). These works are a modern reworking of a traditional form called *hos uyanga* (paired lyricism, perhaps, or paired melody). Such reworkings of tradition, like his reworking of the psychotherapeutic and symbolic ideas of traditional modernism and of the imagistic exploration of the European literary avant-garde in the early twentieth century, characterize Oidov's own creative development.

At first sight, Oidov's modernism lies in his imagery and formalism. He centers his poetry on the page as though to present his ideas as reflections of his own worldview. The images he uses, however, are as much reflections of French or Russian symbolism as they are of traditional Mongolian literature: lines of verse flow into the air as though painted by Chagall, and the enmeshment of innovation and tradition carries the reader into Oidov's singular apprehension of love and longing, as well as the tensions through which his art has developed.

Because of his apparent disinterest in popular acclaim, Oidov's stature as a poet has been somewhat outshone by his visual art. His poetry has been only very infrequently published, whereas his graphic work is exhibited in galleries, and his design for the state seal is in constant view. His poetic work is by far the most adventurous to come out of Mongolia, and the foundation which it has prepared for future innovators promises well for Mongolian literature in the twenty-first century.

—Simon Wickhamsmith

Шалдан хүүхний ул улайсгасан
Шатам халуун гал улаан чулуу

Улаан чулуу
Халуун харагдлаа.
Усан дотор гэлээ ч
Дулаахан өнгөтэй
Хуруун чинээхэн чулуу
Тун ч халуун санагдаж
Бодол бүлээцүүллээ.
Хүйтэн усаа буцалгам
Хүүрнэх үггүй тэр чулуу
Гал шиг мэдрэгдэнэ.
Нарны илчтэй
Улаан чулуун дээр
Харгиатах ус
Дөл шиг цоролзоно.
Сэтгэл халуун бол
Чулуу ч халуун
Ус ч халуун
Хүйтэн бүхэн
Шатам халуун.

1980.2.6

The Fire's Red-Hot Stones
Scald the Soles of a Nude Girl

The red stones
look hot.
My thoughts are excited
and, in the water,
stones the size of fingers,
warm in color,
appear still hotter.
I boil cold water.
The stones have nothing to say,
they feel like fire.
The waters flow
over the stones
warmed red by the sun,
leap like flames.
The mind is hot, and
the stones are hot, and
the water is hot,
and all that is cold is burning.

6 February 1980

Сүнсний цагаан од
Тооноор шүргэж мөрөөдөл дээр уналаа

Өвлийн цас бичгийн цаас шиг
Шив шинэхэн цав цагаахан ч
Үгсийн өнгөнд нар мандахыг мэдэрч
Найргийн тэнгэр сэрлээ.
Хурмастын сарны хэлтэрхий шиг
Хун цагаан шувууны
Зүрхэн хэлбэртэй од
Агаар гуядсаар, хийссээр
Тооноор орж мөрөөдөл дээр уналаа.
Огторгуйн салхи чамаас аваад
Надад авчирсан шиг цагаан өд
Одноос од төрүүлсэн
Яруу хөгийн сүнс байлаа.

1975.7.8

**The Soul's White Star Falls Down upon Desire,
Brushing against the Roofring**

Winter snow is like writing paper.
Utterly new and utterly white,
yet in the color of the letters I feel the sun rising,
the gods of poetry are waking.
Like shards of the heavenly moon,
the heartshaped star
of the white swan
flutters, whipped by the air,
and falls through the roofring, down onto desire.
A white feather, as though the wind in the sky has taken it
from you to bring to me,
is the soul of music,
a star born of a star.

8 July 1975

Зүрхэн дээр шуурсан час улаан цас
Тэнгэрт хуйлран үгүй болж одов оо

Бичгийн цагаан цаасан дээр
Бидний хувь заяа багтсан бичээсүүд
Нүд зүрхнээс унасан нулимсанд
Хар бэх нь замхран
Шүлгийн минь мөрүүд сарнина.
Үдэлтийн дараа нүдний өмнө
Хар саарал өдөр барайж
Үлгэрийн юм шиг
Час улаан цас
Зүрхэн дээр шуурч байсан нь
Сүүдрийн сүүдэр.

1976.8.6

A Bright Red Snow Rages in My Heart, Swirls in the Sky and Fades Away

On a sheet of white writing paper,
an inscription of our collected destiny.
Tears fall from heart and eyes,
the black ink disappears.
The lines of my poem break apart.
After the farewell, before my eyes
glowers a dark day and,
like something from a story,
the bright red snow
rages in my heart.
Shadows of shadows.

6 August 1976

Дөрөө цалгисан сүүтэй
Дөлөн адуу элдсэн дурдатГал

"Их галан хүлэгсийн
Найм дахь нь миний
Муу навсгар бор даага…."
    (Дурдатгал хэмээн зургаасаа санав)

Зэрлэг бар шиг өнөөдөр
Маргаашийг эзлэх гээд
Гандсан нөмрөг шиг
Дэвсгэр болдог нь цаг үе.
Цаг үеэ даган
Би ч гэсэн
Маргаашаасаа айж
Төмөр гутал өмсөхийг хичээнэ!
Заримдаа
Бодлын далбаа
Салхи сөрөн дэрвэж төөрвөл
Маргаашдаа эзлэгдэх нь буй!
Тийм ээ
Нөхрийн хэлсэн утасны дугаарыг
Маргааш нь мартдаг боллоо.
Үүнээс их айна.
Бичгийн ширээн дээрх
Алгын чинээхэн цаасан дотор
Төөрдөг болсноосоо ч айна.
Гэвч хар нялхын минь
Зүүдлэгдэх нэгэн бадаг
Дөлөн адуу элдсэн дуртатгал
Өнөөдөр ч гэлээ шинэ.
Одоо би хар нялх шигээ
Зөнгөө хурайлж
Маргааш шинэ байхыг хичээнэм.

1979 он

14

I Mentioned Pursuing Seven Horses,
Milk Sprinkled on My Stirrups

"The eighth of my
great fiery steeds,
the poor shaggy colt..."

    (after my painting, "The Memory")

Like a savage tiger I would overwhelm
today and tomorrow,
the bedclothes
like faded coverlets, time
after time,
but though I fear
tomorrow,
I will try to render books into iron!
Occasionally,
the flag of thought
flutters against the wind,
overwhelmed by tomorrow!
Sure,
tomorrow I will have forgotten
the phone number my friend gave me.
I am terrified of it.
I fear it will have gone astray
on my writing desk,
on a handsbreadth sheet of paper.
But in a verse I dreamt
in my infancy,
I mentioned pursuing seven horses,
and today it is new.
And now, as in my infancy,
I will cheer my fate,
and tomorrow seek to make it new.

1979

Гэрлийн гэрэлтэй
Сүүдрийн сүүдэр

Харгуйн хөл гишгэсэн дүлий хөх шөнө
Хар чулуу өшиглөж сүүдрийг тань дамнаж унах минь юу вэ.
Дэлхий ганхан дайвалзаа юу гэтэл
Дээр нь гишгэсэн хөл минь хазганан байв аа.
Ихэр улаан гэгээнээр
Шуурга сөрөн сажилтал
Төдөлгүй надад нар ирлээ!
Ээ, яасан сайхан өглөө вэ?

1980 он

Shadows of Shadows
In the Light of the Light

The dark night is deaf to the feet stepping along the path.
What am I that rides the enchanted shadows, kicking at the black rocks?
Maybe it is the world which sways and reels?
Upon it, my feet limp along.
As I crawl into the storm
with a pair of red lights,
the sun comes immediately to me!
Oh, what a lovely morning!

1980

Хар өнгө сөхрүүлсэн
Ган хар нулимс

Хувилгаан бүргэд гал халуун харцнаасаа
Харамлаж унагасан
Ганцхан дусал
Ган хар нулимс
Уйлахдаа
Хар өнгө сөхрүүлж
Инээхдээ
Цагаан өнгө солонгоруулж
Баяр гуниг зодолдуулна.
Миний ган хар нулимс шидээрээ
Хувилгаан бүргэд болъюу.
Тэгээд өчүүхнээс агуу их хүртэлх
Ертөнцийн хөдөлгөөнийг түлхэлцэнэ.

1979.1.15

My Harsh Tears
Have Brought Black to Its Knees

When I weep
harsh tears,
a single drop
fells
a holy eagle in my fiery glance,
and when I laugh,
I bring black to its knees,
I turn white into rainbows,
I make joy and sadness brawl.
My harsh tears magically transform
into a holy eagle.
In this way, both tiny and enormous push
against the earth's momentum.

15 January 1979

Хар нялхын зөнд агсагдсан
Халах хөрөхүйн омгорхол

Чулуу шиг залуу насны минь
Он жилүүд рүү авирсан бор хоногууд
Галзуу арслангийн араа хавиралдсан
Баяр гунигт мэрүүлнэ.
Идэр цус минь
Таван мэлмийгээр эргэж
Ирж яваа тэрэгний илжиг шиг нас руу
Дөхөж явна.
Үлгэрийн жүжгийн төгсгөл шиг
Миний амьдрал
Үнэн үнэн гэхэд дэндүү үнэн!
Адал минь
Зүүд биш өндрийн омгорхол
Зүрхнээс сугараагүй татсан сумны зэв!

1980.2.6

20

The Chill Pride of a Newborn Child

Gray days, like stones,
make up the years of my youth.
A mad lion's teeth grate together,
gnaw in joy and melancholy.
My vigorous blood
turns with its five eyes,
comes close to life, like
an approaching donkey cart.
Like the end of a play,
if my life
be true, it is so very true!
My savagery
is not a dream, but haughty pride,
it is the arrow yet to be pulled from my heart.

6 February 1980

Сэтгэл дундуур татсан улаан зураас хийгээд
Үл төгсөхүйн нууц уянга

Энэ л тунгалагхан өдөр хайрын үдэлт уйтгартай.
Чи бидний улбаалсан жимээр
Салж харагдах цагаан уул
Нулимстай нүд шиг бүүдгэр.
Зугаалж байсан цэцэрлэгийн
Зулзаган мянган хус нь
Цөөхөн ч юм шиг сэрвийнэ.
Сэлэмний ир шиг заяан дээр
Хар болзоо амлаагүй ч
Сэтгэл дундуур татсан
Улаан зураас тасрахгүй!
Үдэлтийн хойно ирэх учрал
Хаана байхыг үл төсөөлөвч
Нууц уянга төгсгөлгүйн учир
Нуурын цалгианд хөвөх саран
Хагарч нийлэх шиг төсөөлөгдөнө.

1978 он

A Red Line in the Mind,
The Secret Melody of the Infinite

On a passing bright day, sad at our loving farewell,
a white hill seemed to split
the path back to us,
indistinct like teary eyes.
A thousand young birch trees
in the park where I was wandering,
standing as though strange.
I hadn't made a hard and fast arrangement
with fate, like a knife blade,
yet in my mind
the red line was unbroken!
But after our farewell,
I couldn't say where we would meet again,
since the secret melody is infinite,
I could say we'd part and come together, like
the moon in the lightning, afloat over the lake.

1978

Улаахан уруулыг чинь яран байж таалахад
уулга алдан надад ууссан шүлгийн гүнж

Яасан сайхан аялагхан шөнө вэ гэж
Янаг чиний дүрс дэврээж хэлсэн шиг
Ярайх одод газарт буучхав уу гэлтэй.
Яруу найргийн хоймроос гунигтай сэрлээ ч
Улаахан уруулыг чинь яран байж таалахад
Уулга алдан надад ууссан шиг
Уулын цэцэг хурмастад нүдэлчхэв үү гэлтэй
Уяран хайлах шүлгийн мананд жүнзтэй хамт найгалзлаа.
Ангирхан цээжийг чинь ааглан тэврэхэд
Алдрайхан чиний чивчирч түлхсэн хөх шиг
Алсад дүрэлзсэн гал үс хуйхлав уу гэлтэй
Аянга цохих шиг шүлэг эхлүүлэн гүнжтэй эрхэллээ.

1975 он

24

When You Open Your Red Lips You Shout with Pleasure, Princess of Poetry, Absorbed into Me

"Will it be a night of sweet and rosy mischief?"—
it's like your lover had spoken out of line.
Perhaps the lines of stars will drop to earth.
Though I awoke, unhappy, in the honored place of poetry,
when you opened your red lips
you shouted with pleasure, as though absorbed into me.
Perhaps the mountain flowers will move towards Hurmast and the sky.
They sway with the princess in the mists of softly melting poetry.
When I embraced with all my strength the rouge of your breast,
it seemed as though you pulled your nipples away.
Perhaps the fire burning in the distance singed your hair.
I played with the princess, I began a poem as though struck by lightning.

1975

Давид Альфаро Секейрос

Зангирсан булчин занасан хилэн...
Дүрэлзсэн гал
Дүүжлүүрийн гогцоонд
Ээжийнхээ мээмийг тэмтчин
Шөнө дунд уйлах хүү мэт
Эрх чөлөө.
Эрх чөлөө
Эрх чөлөөг тунхагласан
Чиний зориг-гал
Чиний хүсэл-салхи

(Секейрос Мексикийн нэрт зураач)

1981.5.2 3 цаг

David Alfaro Siqueiros

Knotted muscles, threatening rage…
A flaming fire
on the gallows
gropes my mother's breasts, and
like a child weeping in the night
freedom
proclaims freedom.
Freedom,
with your focus the fire,
with your desire the wind.

3 AM, 2 May 1981

Оосор бүчгүй орчлонгийн жамыг дагасан хайр БУЮУ
Зуугуул адуу

Үзүүр нь үгүй дуниарт хөх талд алслан хулжиж
Ор сураггүй замхран одох мэт
Оосор бүчгүй орчлонгийн жамаар элэвч
Үл ханах хонгорхон хайр заадастай мэт хяслантай ч
Лавай эгшиглэх мөчид
Гэнэт цочирдох зүрх алгуурлалгүй лугшин
Сэтгэл аялгуугаар догдлох нь юутай гайхам.
Завсар нь үгүй солигдох
Өдөр шөнийг зандчин эрхшээж эргэх
Будантай буурал хорвоод
Анир алдуурсан хав цэнгэлд мансуурах торгон халуун агшин
Дэндүү богинохон гэвч
Ямх ямхаар нас, хас элэвч бас бие бэлхүүс шандасжихыг
юутай зүйрлэж
Хэрхэн зориглох буй за.
Аяа, тэгвэл оройгүй хөх зөмбуулингийн хасбуу жудагтай
жамыг би яахан
Туулж дуусгахсан билээ.

1989.10.18

The Love which Followed the Ways of
The Untethered World,
Or Wild Horses

It takes flight upon the indistinct and mistblue steppe,
as though to disappear without a trace.
It soars in the ways of the untethered world,
but while it is ill starred, as though its insufficient love were sutured,
at the moment when the conch shell sounds,
suddenly and without hesitation the excited heart beats out,
stirred and amazed by music.
Meanwhile, in the hazy world
where nothing is changed,
where we cycle through day and night for fear of censure,
although the warm and silky moment of soundless
anesthesia is too short,
although life and jade wear out inch by inch, with what
should we seek to compare the sinewy body?
Oh, so how am I to end
the ways, with their swastika character, of the blue open universe?

18 October 1989

Халуун нарны хагархай хийгээд
Галзуурч ургасан цэцэг буюу Ганжаргал

Ганжаргал гарцаа нь үгүй
Гал шиг хөөрхөн бүсгүй
Гадны цэнхэр гарагаас
Гаарч буусан шувуу
Гай таарч нас зөрсөн
Гамшиг нүүрлэж аз дутсан
Ганцхан наддаа л заяасан
Галзуурч ургасан цэцэг ээ.
Харамгүй үнэнийг хэлэхэд
Хайраар намайг шатаасан
Халуун нарны хагархай
Бар жилээ орж байхад
Барцаалагдсан юм шиг таарсан
Бал бурмын хаан
Батиарыг нь аваад ханцуйлдчихмаар
Барьж аваад үнсчихмээр
Бахируулж байгаад нүгэлтчихмээр
Бас яагаад ч чадахааргүй ээ.
Бадаг шүлэг улайстал чарлуулсан
Байгаль ээжийн хишиг ээ.
Ганжаргал ганцаардмал юм шиг ч
Гайтай харцанд үргэлж өртөнө.
Нүүрээ бууруулж зөрлөө ч
Нүгэлт бодол араасаа дагуулна.
Нүдгүй орчлонг хага зүсэм ч
Нүүр нь бол огт хагараагүй
Нүүдлийн шувуу шиг гэнэн амьтан
Зүйрлэе гэвээс юм бүхэн дутахгүй
Зүүд хүлсэн зүггүй охин.

1978.7.23

Ganjargal, or Shards of the Warm Sun
And a Flower Growing Untamed

Ganjargal, inevitably,
is a woman sweet as fire,
a bird, crashing down
from an alien skyblue planet.
Life has gone by unhappily,
lacking the luck to face calamity,
and I have a flower, growing untamed,
granted exclusively to me.
To be quite frank,
I am burned up by love,
and with shards of the warm sun
in the year of the tiger,
I am the king of treacle,
pleased to be noticed.
I would take a pinch of bacteria,
would take and kiss her,
would have my wicked way, would make her scream,
so why can I not?
The glory of Mother Nature
made poetry shout until it blushes.
Ganjargal, like something alone,
is forever struck by an unhappy glance.
My face is turned away,
but a wicked thought follows behind me.
It cuts into the eyeless world,
but its face is not cracked.
A simple creature, like a nomadic bird.
Lacking nothing in comparison,
an aimless young girl, bound by dreams.

23 July 1978

Цэцэг хөлдсөн нармайн жавар буюу
Халуун амь

Өгөр минь
Өлмий доор чинь цэцэг
Өргөс нь хатгана шүү
Наашаа бүү яв
Цаашаа бүү яв
Нааш ир жаал аа
Наадъяа хоёулаа
Наана чинь хөх өвс
Наадхыгаа гишгэчихвэл
Нармайг чинь нээнэ шүү
Өсвөр үр минь
Үсрээд нисээд ир
Өрийг минь өшигчин өшигчин
Өөдөө өөдөө авир
Над дээр гишгэж
Нарнаас зуурч үсэр
Нарны цаана ч
Орчих зай бий шүү
Очмоор байвал орилоод оч!

1980.12.1

A Warm Life,
Or the Cold Dirt that Freezes Flowers

My faded flower
underfoot,
its thorns are sharp.
Don't go here,
don't go there,
come here little child.
Nadia, if we
had stepped in play
upon the dark grasses,
we would have revealed the dirt.
Leap into flight,
my young child.
Trampling, trampling on my family,
up, up you go,
stepping upon me,
grasping, grasping at the sun,
you have space to move
beyond the sun,
and you have left.

12 January 1980

Намайг агуу ихэд гүн төөрүүлсэн
Наран сөрөг тэгээд чимээгүйн горьдлого

Ухаалаг бүсгүй цэцэг усалж
Улбар нараа шорооноос ургуулна.
Улаан цэцэг уруултай чинь ихэрлэж
Улам улам тачаал ивлэгэнэ.
Нарны өмнө сүүтэгнэх
Миний амьд дүрс
Найрсаг гэх нь байтугай
Чөтгөр мэт бараан харагдана уу.
Наран өнхөрсөөр ард чинь очвол
Алаг цэцэг та хоёр
Албин гэгч шиг хар үзэгдэх үү
Нараа би буцааж өнхрүүлэх үү
Найрсаг шүлгээ араас нь унших уу...
Үгүй ээ, сайхан бүсгүй минь
Үлгэр биш амьдрал үргэлжилнэ
Наран бидэн хоёрыг тойрно
Нас цэцэгтэй хамт ургана.

1980.1.9

**My Endless Complaint against the Sun,
For Having Greatly Led Me Astray**

Smart girls water flowers,
and the roseate sun draws them from the earth.
The red flowers come together with my lips,
and more and more passion flows down.
Against the sun,
my animated form is milky white,
and notwithstanding that I'm friendly,
is its shape like a demon's?
When the sun rolls out behind me,
like a devil should I turn you
and the colorful flowers black?
Should I roll the sun back?
Should I be friendly and read my poetry?
No, my beautiful girl
carries on her life without a guide,
the sun revolves around us,
and life grows with the flowers.

9 January 1980

Сэрлийн цочролоос уруугаа ургасан
Сэтгэлийн гүн рүү тэмүүлсэн

Тулах цэг
Шөнийн олон одыг
Шулуун зураас шиг хүслээр
Шууд татлан холбож
Чиний нэрийг тэнгэрт бичээд
Би асуултын тэмдэг шиг байж
Үг сонстолоо энхрийлэхэд
Чи юу ч дуугарахгүй тунирхсаар
Өдрийн нарнаас хоцорсон
Ганцхан мөч цацрагаар
Тас харанхуй агаарт
Хөргийг чинь нагтлан зураад
Би царайчлан байж
Чамайг аргадахад
Чи юу ч дуугаралгүй
Гуньсаар л...
Гэвч чиний тунирхал хайраа үл нууна.

1978.6.1
Улаанбаатар хот

The Point
That Touches Deep into the Mind,
Growing from a Feeling of Shock

In the sky I write your name,
directly joined
to the night's many stars
upon the straight line of desire,
and I am like a question mark,
listening compassionately to the words,
and you are sulking without a sound,
and I draw your portrait
on the ink-black sky
with a single beam of light
left behind by the sun,
and I cajole you,
nudge you along,
and even as you mope
without a sound,
my love can't lift you from your sulk.

1 June 1978
Ulaanbaatar

**Битүү мөрөөдөлд хулхиа тас цохиулж
Би бодолтойгоо ярин бодолд дарагдан сууна**

Би бодолдоо хэлсэн нь;
Эгэлхэн сэтгэл минь
Гэнэн гэлээ ч
Ээжийн сургаал шиг
Зөөлөн биш үү...
Эргэж хэзээ ч олдохгүй
Амьдрал минь
Эргээ тийрч орчих
Тэнгисийн давалгаа шиг байна.
Эрсэн хайсан эрлээ
Эргэх орчлонгоос олох гэж
Эршүүд шулуун зангаараа
Ирэх цаг руу зүтгэнэ.

1978.6.1

I Am Shocked by an Intense Yearning, I Talk with My Thoughts, Am Weighed Down by Thought

I wander through my thoughts,
and although my mind
is young,
is it not gentle
as a mother's lessons?
My life
has never turned around,
it kicks at the coastline
like the ocean's waves.
Determined and resolute,
I shall head into the future,
to find amid the turning world
what I have been asking for, and seeking.

1 June 1978

Ахархан богино ч бодол минь чи
Аавын үг шиг үнэн биш үү

1

Өнөөдөр би
Бодол чамтай ярьж
Бодол чамаас асуулт асууж
Хариу нэхэж
Болж өнгөрсөн
Алдаа бүхнээ
Зэмлэж сууна.
Одоо би бодол чамтай
Цэц булаацалдана.

2

Оносон бүтээсэн бүхнээрээ
Алдсан алдаагаа цагаатгах гэж
Илжиг шиг зүтгэнэ.
Бодол надад хэлсэн нь
Оройтсон бол ухаарсан гэлээ ч
Орилоо илжигнээс
Ялгаа юу байхав.
Гэлээ ч эзэн минь
Өөрийгөө бүү зэмлэ.
Гэрэлт шар наран
Алтан бороогоо асгасаар...
Газрын илч шиг
Үйлс чинь өөдөлж
Гантай жилийн
Цэцэг шиг
Өндийнө.

My Thoughts, You Are Brief,
But Are You Not Like a Father's Words?

1

Today, I am speaking
with you, my thoughts,
asking questions of you, my thoughts,
pursuing answers,
censuring
all the errors
that pass by.
Now I am quarreling
with you, my thoughts.

2

Like a donkey, I struggle on,
excusing my mistakes
in everything I've understood, in all that I've created.
What thought has said to me
came late, yet it was wise,
and how is my braying
different from a donkey's?
If you speak, o master,
don't reprimand me.
The bright yellow sun
teems through the golden rain...
Like earthly messengers,
these acts will spread,
rise up
like flowers
in a year of drought.

3

Өнгөт замбуулинд чи бид хоёр
Өдтөний аймагт
Төрөөгүйдээ гутраагүй
Өнө мөнхөд
Нартай чинь хамт байхсан гэж
Өдий гучин жил
Уураг тархинд чинь оршлоо
Өндөрт өргөсөн
Туг шиг ээ дуутай чинь хамт
Үргэлж сэрүүн байх
Мөнхийн өнөөдрийг бүтээж
Барагдашгүй цагийг элээцгээе.

1983.1.2

3

In this colorful world, you and I
are not sad that we weren't born
in a land of birds.
For thirty years
in my brain, the thought
that I would have your name
forever,
that this voice
would always be serene,
raised me high.
I'll wear away inexhaustible time,
by making today eternal.

2 January 1983

Мөнхийн хөх дурдатгалд түр хөндүүрлүүлсэн
Маргаашийн тэнгэр буюу загасны нүүдэл

Мөнгөн загаснууд нүүдэллэсэн
Мөнхийн хөх тэнгэр
Сэтгэл даган хилэгнэвч
Итгэл хүзүүдэн цэлмэх нь амархан.
Хайрын саам амхарсан
Хайлган бүсгүйн сэтгэл
Үлгэрийн шувуу хүсэж
Өдөр хоногуудыг тоолно.
Болзоонд яарсан эр хүний
Бодлын гүнд жигүүр амилж
Торойж хоцорсон үеэ санан
Тоосны сүүдэрт шивнэсэн
Үгийн халууныг дурсана.
Итгэлт зүүд үнэнээр сэрж
Ирэх өглөө тэнгэр цэлмэнэ.

1980 он

Brief in Eternal Blue Memory, Tomorrow's Tender Sky, Or the Presentiment of Movement

The eternal blue sky,
along which silver fishes move,
grows angry, but
keeps the faith and clears up quickly.
The mind of a kindly woman,
paying attention to the milk of love,
counts off the days,
wishing for birds from stories.
Deep in the thoughts of the man
who rushes towards the tryst they rest their wings,
thinking of those left behind, exposed,
remembering the warmth of the words
whispered into the dusty shadows.
Truly the dreams of faithfulness awaken,
and one morning in the future, the sky will clear.

1980

Ихэр улаан утас

Их хязгааргүйд хөвөрсөн
Хүслийн ихэр улаан утас
Нарны цацраг болон газарт бууж
Шөнө төөрөн, үдшийн хараацайн анираар
Чимээ авалцан
Өглөөний тэнгэрт
Наран болж хөөрнө.
Мөрөөслийн гар хэлхээ шиг
Атгалцах цагаа хүлээж
Зөн билгээрээ харвалдана.
Гинж шиг зөнгүүд
Наран дотор солбилцон
Гэрэл шиг хүсэлдээ дулаанаар хугарч
Сүүдрээ шилбүүрдэнэ.
Хүслийн ихэр улаан утас
Бодлын шөнө огтлолцжээ.
Утас таталцах тусам
Улам чангарна.
Газар буусан нар
Тэнгэр өөдөө аслаа.
Уянга сэрлийн хүрэл тулганы гал
Наранд харван бадарлаа.
Нарны цацрагтай нийлж
Нарны цацрагийг сөрж урслаа.

1980.3.17

Twin Red Cords

The two red cords of desire
unroll across the great boundless expanse.
Rays fall from the sun to the earth,
by night they are lost, in the sound of crickets at evening
noises grasp one another,
the sun rises
in the morning sky.
We wait for time,
which snatches at a thread, as at desire's hand,
we shoot at it with wisdom.
Intuition, like a chain,
is transformed in the sun,
in the light of our yearning, it is ripped apart by warmth,
it whips the shadows.
In the night of thought
the two red cords of desire intersect,
and the closer the cords come together,
the stronger they become.
The sun falls to earth,
burns upwards into the sky.
The bronze brazier of harmonious feelings
sends fire to the sun.
It joins with the sun's rays,
it flows against the sun's rays.

17 March 1980

Зэс морьтой хүний үүл рүү нисгэсэн бодол

Тэнгэрийн галзуу улаан арслан
Гоо бүхний өмнө залбиран шогшиж
Хар сүүгээ дуслуулав.
Энэ бол онгод байлаа.
Бишрэлээ хэмлээд
Тайвшрал нөмөрч өндийхөд
Бүхэн
Агааргүй юм шиг хий хоосон
Хязгааргүй
Нэмэх, хасах цэнэгээр амь зуухад
Ганц үгийн эрэлд сандран
Тэнгэрт зодуулах авч
Би тэр ганц үгийг залгиад
Төмөр хөлс асгаруулна.
Өөрөө элийрч байна уу?
Үгүй л байлтай
Өнөөдөр маргаашийнхаа шанг ухаарахад өөг байдаг юм.
Гэвч бардамнах хэрэг үгүй биз ээ.
Салхи ууж зогсолгүй давхихад
Санаанаас минь түүдэг асгарч
Бие минь элэгдсээр
Мориндоо уусаж үл шатахад
Хүлэг минь зэс морь болмуу.

1979 он

48

A Man Riding a Copper Horse Imagines Flying to the Clouds

A wild red lion god
jogs out in contemplation before beauty,
dripping dark milk.
He is spirit.
Measuring prayer,
erecting calm protection,
everything
is empty, as though free from qualities, and
boundless.
Earning a living through positive and negative charges,
frustrated by the search for a single word,
I berate Heaven,
I gulp down this single word,
and bring forth an iron sweat.
Have I confused myself?
No,
there is a catch in my reward today and tomorrow.
But there is no reason to boast.
I gallop on, not stopping to drink the wind.
My body, blazing with intelligence,
is worn down,
it fades into my horse, it doesn't burn,
my steed is a copper horse.

1979

Асаасан түүдэг хуучралд идүүлж
Төмөр хүлэг нэгэн цагт эцэж мэднэ
Гэвч тэр үгүй байх аа

Замбуулинд дажны хар галав юүлбэл
Зэс морьд минь сүүлчийн удаа янцгааж
Нүднээсээ цусан нулимс унагаана.
Түүнийг би мөрөөсөхгүй ээ...
Хүлэг зэс морьд минь
Давхисаар давхисаар
Давхин давхисаар...

1978 он

I Know How, Consumed by the Burning Fire
Of Old Age, the Copper Horse Grows Weary,
But It Is Not So

When I switch mounts in Earth's dark time of calamity,
my copper horse will neigh one last time.
Tears of blood will fall from its eyes,
I will not miss it.
On my copper steed
I will gallop and gallop
and gallop and gallop away.

1978

Намайг тойрсон мөнхийн хөдөлгүүр

Хүсэл чинь цагариг юм бол
Би тэнцүү талт гурвалжин болж
Мөрөөдөлд чинь багтана.
Бидний учрал цэг юм бол
Би чам руу тэмүүлсэн
Зүрхэн хэлбэр болж
Анхаарлын тэмдэг бүтээнэ.
Аз чинь шулуун зураас юм бол
Би чиний эсрэг тойрог болж
Нэмэх тэмдэг шиг огтлолцоно.
Амьдрал чинь эльбес юм бол
Би адил хажуут гурван өнцөг болж
Тэгшитгэлийн хуулиар чамтай давхцана

1979 он

The Engine of Eternity that Surrounds Me

Desire is a planet,
and I am contained by longing,
a triangle of equal sides.
At the point where we meet,
I observe
that I, in the form of a heart,
am struggling towards you.
Character is a direct line.
I move against you,
we intersect, an addition sign.
Life is a rectangle,
I gallop with you, three angles
according to the laws of equilaterals.

1979

Бодлоос ниссэн дальт чулуун морь чамайг
Болдогсон бол унаад давхихсан

Дэндүү их итгэл
Шархадсан шувуу шиг газардсаныг
Дөнгөж сая гүйцэд мэдрээд
Бодлоос ниссэн дальт чулуун морь
Үнэн, худлыг зааглах хутганы ир шиг хоорондуур
Явсаар, яван явсаар
Галт нарны тэндээс, ноцож инээмсэглэх
Болор цэцгийг энхрийлнэ.
Одоо би чиний өмнө сууж байна.
Энэ үнэн буруу нэмэгдэхүүнээр
Зааглагдахгүй бол
Яалаа ч гэж ингэхэв дээ.
Энхрий чи сонс сонс!
Болор цэцгийг энхрийлэн энхрийлнэ.
Энхрий минь, чи сонс сонс!
Энэ үнэн үг минь үнэн.

1979.1.1.21 цаг

If I Could, I Would Gallop Out on You, You Winged Stone Horse, Flown from My Thoughts

I feel how the winged stone horse, flown from my thoughts,
has just come to earth
like a wounded bird
with too much faith.
It moves, moves
between the sharp blades which mark out truth and lies,
it cherishes the smiling flowers of crystal,
scorched in the fiery sun.
Now I am sitting before you.
Needless to say,
these truths are not marked
with needless error.
Listen my dear, listen!
I will cherish, I will cherish the flowers of crystal,
my dear, listen to me, listen!
These true words are my truth.

9 PM, 1 January 1979

Улайссан шүлэг тэрлүүлсэн
Унтраагүй галын өгсүүр гэрэл
Тэнгисийн дундах бяцхан арал

Тэртээ эрэгт гэрлээр бадамлах
Зурвас дөлтэй галыг харуулдана.
Асаж дүрэлзээд тэнгэрт нисэх нь үү гэж
Ахин дахин түүний зүг салхи илгээнэ.
Гэрэлтэгч түүдэг яг хэвээрээ, тэндээ сүүтэгнэнэ.
Гэнэтхэн унтраад газарт шингэх нь үү гэтэл
Гэрлээ бөхөөлгүй шөнийн харанхуйд тодровч
Өдрийн наранд үл алдарна.
Гэвч тэр эргийн зүг рүү үргэлж ил санааширч
Гэрэлт арлыг нүд салгалгүй ширтэнэ.
Бадраа ч үгүй, унтраа ч үгүй бяцхан даль
Өөрийн бүлээн илчээр хүслээ дулаацуулна.

1978 он

On a Tiny Island in the Ocean,
The Rising Light from an Inextinguishable Fire
Has Created a Reddened Poetry

I shall look for the fire, sending up light
in lines of flames on the far shore.
Over and again, the wind
moves to flare and flash against the sky.
It gleams indistinctly, as it always does.
As I wonder whether suddenly it will die and fade into the earth,
so in the dark, its light remains day and night unextinguished,
but it is never lost to the daytime sun.
Thinking constantly about that far shore,
my eyes gaze toward the shining island.
Their little wings neither feeding nor smothering the flames,
my desires will warm themselves on their own heat.

1978

Ногоон навчтай цагаан мөчир гэрэлтүүлсэн
Туйлын туяатай харанхуй

Хүй орчлонг
Ухаарна гэж
Юусан билээ?
Шөнийн цэцэг
Тас хар ч улаан өнгөтэй
Хүн хүнээ
Хайрлана гэж
Юусан билээ?
Хавь ойр
Хав харанхуй ч
Хааяа саарал гэгээтэй
Цэцэрлэгийн модод
Бараан өнгөөрөө
Намайг чичилнэ
Хөөе, хүмүүс ээ!
Энд гэрэл
Итгэл төрлөө.
Гэрэл дотор
Цагаан мөчир
Ногоон навч
Навчны гэрэл
Ханьсан бараадсан
Шөнийн эрвээхэй
Яасан гайхам юм бэ?
...Нийслэл хотын
Айл бүхэн гэрэлтэйд
Бас итгэл төрлөө.
Гудамжны гэрэлд
Хөөрхөн хүүхдүүд
Жаргалтай тоглоно.

Darkness Illuminated
By White Branches and Green Leaves

How then
to understand
the world?
At night a flower
is black, though it is red.
How then
to love
the people?
The trees
in a nearby park
all have a gray light.
Though it's pitch black,
they nudge me
with their shadowy color.
Hey! My people,
shine your light here.
Faith is born,
and in the light
on the white branches,
in the green leaves,
how wonderful
when at night the butterfly
makes friends with
the burning light in the leaves.
...In the capital city,
every family has light,
and faith is born,
and in the streetlights
the children
play happily.

Яасан сайхан юм бэ?
Бүүдгэр тэнгэрийн хаяа
Нар шиг гэрэлтэйд
Бүүр их итгэл төрлөө.
Их гэгээнд амьдрал жаргалтай!

1979 он

How lovely is that?
The vague horizon
shines like the sun,
and all faith is born.
Life is happy amid this great brilliance!

1979

Хунгийн нялхамдаг ааль гэмээр
Хайрандаа агсагдан санаа алдахуйяа

Адуу хулжиж янцгаах мэт
Мянгантаа санаа алдахуйяа
Алаг нүдэн чи минь сураггүй
Дэр өнчрөөж уйтуулна.
Аялгуу дуу сонсохуйяа
Хөг айзам нь ээднэ.
Амрагхан чамайгаа зүүдлэхүйеэ
Хайрын учиг ээдэрнэ.
Хүсэл хяслын завсар багтсан
Хүний амьдралын дууль уу
Хуудуу нь үгүй үнэнийг өгүүлэх
Хувь заяаны дутуу зурсан зураг уу?
Хуучин бадаг шиг гансраа нь үгүй
Хувьтай насны бардам тууль уу?
Гурвалжин бодолд алдаагаа тийрүүлсэн ч
Гуниа нь үгүй гучин нас
Гуйлгамч сүнсэнд багалзуурдуудавч
Ханаа нь үгүй ороо сэтгэл дээрэмчин шиг дурлал
Харам хайрыг минь булаахуйяа
Дэндүү нялхамдаг аалинд чинь
Боол нь болж сөгдөх юм уу?

1975.12.20

In the Manner of a Young Cygnet,
Worn Down by Love, You Let Out a Sigh

You sigh a thousand times,
my love, your bright eyes are lost,
like running horses neighing,
saddening your orphaned pillow.
Hearing your melodious voice,
the music curdles.
Dreaming of you, my beloved,
the threads of love are tangled.
Is it the ballad of a man's life,
held between the cliffs of desire?
Is this an image without the destiny of carefully speaking truth?
Like ancient verse you have no distress.
Is this the grand opera of a fated life?
Your mistakes have recoiled in triangular thoughts,
but thirty-nine remain without unhappiness.
The throat has called out to the mendicant soul,
but longing is everywhere, like a thief of the mind.
I am burying my miserly love.
Should your servant kneel
to your too youthful character...?

20 December 1975

Намайг хайрандаа аалзны шүлс шиг хэрж
Наран доор гиюүрсэн тэнэмэл бүсгүй

Одод хурмастаа бялхам олон ч гэлээ
Ондоо хаана ч байх учиргүй ганцхан миний
Орь нэгэн од оршдог жамтай юм гэл үү?
Олох тавилантай шүтээнээ хайж тахихгүй аваас
Одтой хүн гэж зүүдэлж дэмийрээд яахав.
Дурлалын тэнгэр хязгааргүй гэдэг болохоор
Дундаж цэг гэж хэзээ ч байдаггүй нь лав.
Хайр чамтай тэрхэн агшинд учраагүйсэн бол
Хайр гуйланчилж элийрч тэнээд юу хийнэ.
Орчлонгийн наран ганцхан байдаг гэлээ ч
Орчих дэлхийдээ цөөддөг гэж ухаарах уу...
Өр зүрхээрээ шүтэлцсэн чи бидэн хоёрт
Өөр хүмүүний үр үгүйлэгдэнэ гэж санах уу...
Амрагхан чамтайгаа төөргөөр учирсан болохоор
Араас чинь тэгтлээ дагинасын цуваа айсуй ч
Аавын хүү би илүү сэтгэл билүүдэхгүй.
Алагхан замбуулингаас ганцхан чамайг олсон
Алдрайхан би чинь аагтай, энэхэн хорвоод
Азын их хаан биш байхдаа би яадгийм бэ?

1975.12.20

A Beggar Woman, Sad Beneath the Sun, Binds Me in My Love like a Spider's Web

The stars are overflowing the sky,
and in my utter aloneness,
am I bound to exist as a single star?
Not making a sacrifice to find an object of worship,
so what if I babble on about being a starman?
The god of love, they say, is endless,
so certainly it never has a central point.
If love would not meet with you at that moment,
what should you do, confused and begging for love?
Please realize that, though the sun of this world is alone,
there are too few on the turning globe.
Please think how, worshipping one another deep in our hearts,
we both miss the child of another.
Since I have met with you, my love, through destiny,
though there's a line of young girls behind you,
as the child of a father, I will not sharpen my heart.
I am fortunate, having found you, all alone,
in this colorful world, but what should I do?
I am not the great god of fate upon this earth.

20 December 1975

Чамайг тас тэвэрсэн
Час улаан зүүдтэй шөнө

Хатуу улаан шөнө
Нойр эзэгнэсэн зөөлөн зүүдэнд
Халуун цөмийн хувилгаан
Сайхан чи минь ирдэг.
Цагаан болжморын ангаахай цочоож
Зүүдэнд минь унасан
Ганцхан цагаан навч чи минь байлаа.
Хүнд улаан намрын
Түмэн шаргал навчсаас
Ганцаараа чи цагаан байсан.
Хөнгөн цэнхэр хаврын
Буман ногоон навчсаас
Ганцаараа чи цагаан байсан
Гарцаагүй чи цагаан өнгө.

1977.8.21

The Night of Bright Red Dreams,
When I Held You Tight

On hard red nights,
in the gentle dreams that occupy my rest,
my love, with everything a warm
rebirth, you would come to me.
You were a single white leaf,
fallen into my dream,
to scare the white fledgling larks.
Of tens of thousands of yellow leaves
in heavy red autumn
you alone were white.
Of hundreds of thousands of green leaves
in delicate blue spring,
you alone were white,
you were quite
white.

21 August 1977

Чи гашуун үнэний гай ч
Чиний сэтгэл далайн чулуу шиг зөөлөн элнэ

Чи баяр жаргалдаа
Далайн чулуу шиг зөөлөн элж
Гэрэл сүүдрийг уран хугалсан
Гэнэн цагаан бүсгүй.

Би жаргал зовлонгийн дундуур илд шиг шулуун орж
Баяр гунигтаа эмтэрч сөрсөн эр хүн
Баяр чинь жаргалдаа од шиг харваж
Чи усанд хоносон сарнай цэцэг буюу.

Гуниг минь зовлонд солир шиг унаж
Би утаа татсан болор чулуу буюу.
Чиний жаргаж ханаагүй жаргалаар
Миний зовж ханаагүй зовлонгоор
Хайрын тэнхлэг тэнцэж
Жаргал зовлон хоёр заавал шүтэлцдэг хорвоогийн
Зарлигт бичээгүй хууль
Намайг ч элээнэ
Чамайг ч элээнэ.

1978 он

Though It Is a Misfortune of Bitter Truth,
Your Heart Will Gently Wear Away like Rocks in the Ocean

In your joy, you will gently wear away,
like rocks in the ocean,
an elegant fracturing of light and shade,
a simple fair woman.

And I, like a sword, will cut straight through joy and suffering,
a man who rubs happiness against sadness,
and you are a rose who spends the night in water,
shooting at your joy and happiness as at the stars.

I am a crystal, drawn to the smoke,
falling like a meteor into sadness and suffering.
Your happiness is never enough,
my suffering is never enough,
and so we balance love.
On this earth which worships happiness and suffering,
an unwritten command
will comfort me,
and comfort you.

1978

Бугын туурайгаар зурж барласан
Будантай шугуйн улаан жимээр...

Шугуй эзгүй
Шувууд нь алга.
Шулуухан жим нь
Сураггүй болсон
Хүн шиг алга.
Болсон явдал
Үлгэр хоёр
Зааггүй мэт.
Босоо шуурга
Бодолтой адил
Боохой хүртэл
Үүрэндээ улина.
Ойн гөрөөс
Агуйд янцгаална.
Олон адал
Зүрх чичнэ.
Хөх тэнгэрийн наана
Салхины цаана
Хүрэн бүргэд
Сүүмэлзэн эргэнэ.
Хүний хүү
Хүсэлдээ хүлүүлсэн ч
Хүрэх газартаа бодлоороо хүрнэ.

1978.8.30

Down a Red Path in a Misty Grove,
Inscribed with the Shapes of Deer Hooves...

The grove is empty,
not even a bird.
A straight path,
with nothing,
no one,
as with no distinction
between events
and their telling.
Like the thought
of a harsh blizzard,
a wolf nearby
howls in its lair....
A buck in a cave
in the forest barks....
Many alarums
strike at the heart.
Close in the blue sky,
on the faraway winds,
a brown eagle
indistinctly turns.
A man's son,
though bound by his desires,
arrives by himself
at the place of his arrival.

30 August 1978

Нар ихэрлүүлэн мандсан
Цагариг цаг хугацааны эзлэхүүн

Үр минь чи дэлхийгээс тасрахдаа
Таавар эзэгнэн
Талын цэцэгсийн
Анхилаар нь амьсгалъя гэж
Эхээсээ анхныхаа мөрөөдлийг нэхэхэд
Аавынхаа бодол дотор
Ертөнцийн нарыг ихэрлүүлж мандсан.
Үр минь чи
Эх эцэг хоёрынхоо
Тэнцэтгэл шиг хайран дунд
Тэнцүүгийн тэмдэг шиг багтсан.
Эхнэр минь
Үр минь
Чи бид гурав
Гурвалжин дөрвөлжин
Цагариг цаг хугацаанд зөрчилдөн
Амьдралын хязгааргүй орон зайд
Үнэн хэмээгч биеийг бүтээсэн
Урт өргөн өндөр
Орой төгсөшгүй ургийн баганын үргэлжлэл.

1979.10.2

The Extent of Cyclical Time
Where Twin Suns Rise

My child, when you break from the earth,
you have solved the riddle,
from the start you bring your desire,
I will breathe the scent
of the flowers of the steppe,
and in your father's imaginings
the world's twin suns have risen.
My child,
my wife
holds you within herself,
as though you were
the equality
of your father and mother.
My child,
we and you,
a triangle and a square,
have fought with cyclical time,
have made what we call our true bodies
in the boundless space of life,
long and broad and high, we
are the continued lineage of an endless column.

2 October 1979

Бодлын нууранд ангир ирлэхгүй юм бол
Булгын харгианаас сар далдчина

Бор арын шугуйд
Буга урамдана.
Болормаагийнхаа
Бодлыг хайрлаж
Ботгон цагаан үүлнээс
Бороо хүлээнэ.
Булгийн харгианд
Буман хонгор одод
Тонгочин тоглоно.
Олны дотроос ганцхан чамайг хайж
Эрхсийн хоймроор
Бодол бэдэрнэ.
Борооны дараа мэндлэх
Нялх дэлбээнд
Бодлын нуур тогтлоо.
Болормаагаа шаналан байж
Ганихартлаа хүлээтэл
Бодлын нуурандаа ангир ирлээ.

1982 он
(урландаа)

If Shelducks Do Not Come to the Lake of Thought, The Moon Will Fly from the Spring's Torrent

In a coppice to the north
a deer bellows.
The camel cows wait for rain
from the white clouds,
offering
Bolormaa's thoughts.
In the spring's torrent,
ten thousand sweet stars
are tumbling in play.
Thought seeks you out
in the planetary place of honor,
searches for you alone among the multitude.
After the rain, on the
fluttering young petals
a lake of thought appears.
Bolormaa is grieving,
and the shelducks, awaiting
her sadness, come to the lake of thought.

1982, in my studio

Алаг замбуулин өнхөрдгөөрөө өнхөрсөөр байхад
Адал бодол хоёр амиа хичээн няслалдана

Адал минь
Хүнд харагддаг болохоор
Юухан л үйлдэнэ
Хүний нүдэнд
Дүрс болон харагдана
Хүний чихэнд дуу болон эгшиглэнэ
Хүний ухаанд дурсамж болон үлдэнэ
Нэг хэсэг нь баярлана
Нөгөө хэсэг нь гомдоно
Зарим нь атаархана
Бодол минь
Далд болохоор
Уураг тархиндаа
Ус шиг
Урсана
Уурхай мэт
Ундарна
Өөрийгөө баясгана
Өдөр шөнө шиг солигдоно
Бодлоо би хайрлаж
Бодлоороо тэжээлгэнэ.

1979 он

As the Colorful Globe Rolls and Rolls,
Adventure and Thought Carefully Occupy My Life

My adventure
seems tough,
but it's trivial.
Forms appear
to the human eye.
Sounds are heard by the human ear.
Memories are left in human consciousness.
I rejoice in one thing.
I complain about another thing.
Some things make me jealous.
My thoughts
are secret,
and in my brain
they flow
like water.
They gush forth
as from a mine.
I contemplate myself,
I change like day into night.
I love my thoughts,
I am nourished by my thoughts.

1979

Хайр ухаан хоёрын нэмэгдэхүүн
Халуун зөнгийн анир

Сайхныг ухаандаа нууж төрсөн
Бүсгүйн урсгал харцтай
Санаандгүй учраад баярлахдаа
Эцэсгүй мөрөөдөлдөө багтаав.
Усандаа эгшиглэн
Үл сонсогдох
Загасны дуу шиг
Уянга билгийн чинь нууцыг
Судрын хуудас шиг нээж
Ертөнцийн байхгүй бүхнийг
Эвийн хоёр өнгө шиг
Зөнгөө нийлүүлэн байж бүтээе.
Эрин зууны дундхан бүхнийг
Эгшиг анирыг найруулан байж дүүргэе.
Уяхан хорвоогийн дүүрэн бүхнийг
Ухаан хайр хоёроо нэмэн байж цалгиая.

1979 он

The Combination of Love and Knowledge
Is the Sound of Warm Destiny

I am happy to meet by chance
the flowing glances of a woman,
secretly birthing pleasure in my mind,
coming together in an endless wish.
I would open the secrets of wisdom's harmony,
like the pages of a book,
like the song of fishes
unheard,
a melody in water,
I would gather my insight,
the two aspects of conciliation,
and create all that is absent from the world.
I would combine melodies
and fill the centuries.
I would add love and knowledge, and overflow
the fullness of the gentle world.

1979

Чин хүлээхүйн тамлага буюу
Түр зуурын мартагнал

Чамайгаа би хүлээлээ...
Уулсынхаа түмэн модыг
Тав гөлөглөтөл хүлээлээ.
Усныхаа мөлүү чулууг
Цав суутал
Хүлээлээ.
Хонгор чамайг зурсан таталбарын
Холбоо зураасыг тасартал хүлээлээ.
Итгэлээ дуустал хүлээлээ...
Чи намайг марттал ирсэнгүй дээ.

1978 он

A Shaman's Invocation of Determined Waiting,
Or Temporary Forgetfulness

I'll wait for you...
I'll wait for the thousands of trees
on the mountain to whelp.
I'll wait
for the cold stones
in the river to split.
I'll wait for you, my dear,
to stop the lines drawn in your sketch.
I'll wait for my faith to cease.
You'll not come until I've forgotten you.

1978

Чанга тэврэлдэн үнсэлцэх амрагууд шиг
Час улаан гэрэл тийрсэн хар хөх сүүдэр

Үдшийн сүүмгэр ууланд
Шингэх нарыг хоргоон байж
Шөнөгүй орчлонд умбуулан
Жаргаана хэмээн гуйлаа.
Үүрийн шаргал туяаг
Нартай хамт мандуулсан
Жавартай гунигийг чинь мартуулж
Жаргаана хэмээн гуйлаа.
Азын цэцэгт алчуураар
Даллан байж гуйлаа.
Амьдралынхаа алдаа бүхнийг
Зэмлэн байж гуйлаа.
Час улаан өнгө шиг
Чамайг би яанам.
Чанх дээрээс төөнөх
Наран байлаа ч яанам.

1978 он

As Lovers Passionately Held and Kissed One Another, The Dark Blue Shadows Kicked Out a Bright Red Light

On the high mountain at evening,
I ask if I would be happy
to hold back the setting sun,
to have it swim through the nightless world.
I ask if I would be happy
to have the chill sadness
forgotten,
that brings forth the dawn's
yellow rays
with the sun.
I ask as I wave
a kerchief of Asian flowers.
I ask as I castigate
all my life's errors.
What if I were the sun,
straight overhead,
and what if I burnt you
bright red?

1978

Итгэлийн галыг ганц хүйтэн үгээр унтраасан
Эмзэг бодлын улбаатай утаатай яриа

Яриа яагаад хүнийг уйлуулна вэ?
Яриа яагаад хүнийг баярлуулна вэ?
Яриа хүнд зовлон гуниг авчирна.
Яриа хүнд аз жаргал авчирна.
Ярианд гал байх юм.
Яагаад гэвэл
Халуун үгэнд хайр шатах юм.
Ярианд утаа байх юм.
Яагаад гэвэл
Хорон үгэнд харвуулсан сэтгэл хиртэх юм.
Ярианд мөс байх юм.
Яагаад гэвэл
Илүү үг эзэндээ хүрэлгүй хөлдөх юм.
Ярианд ус байх юм.
Яагаад гэвэл
Итгэлийн галыг ганц хүйтэн үгээр унтраах юм
Яриа яагаад хүнийг уйлуулна вэ?
Яриа яагаад хүнийг баярлуулна вэ?
Яриа хүнд гуниг зовлон авчирна.
Яриа хүнд аз жаргал авчирна.

1979 он

A Conversation with Smoke Bearing a Faint Trace of Thought, Which Extinguished the Fire of Faith with a Single Cold Word

How does a conversation make a person act?

How does a conversation make a person happy?

A conversation brings a person sadness and suffering.

A conversation brings a person pleasure.

A conversation has fire.

You ask why—

because love burns in passionate words.

A conversation has smoke.

You ask why—

the mind shot by poisonous words is sullied.

A conversation has ice.

You ask why—

too many words do not sufficiently chill the master.

A conversation has water.

You ask why—

it extinguishes the fire of faith with a single cold word.

How does a conversation make a person act?

How does a conversation make a person happy?

A conversation brings a person sadness and suffering.

A conversation brings a person pleasure.

1979

Яргуй минь хунгар хагалж ургаач
Ядаж цөхөрсөн сэтгэлийг минь сүвлээч

Тэнгэрийн хормой гишгэсэн
Тэмээн цагаан үүл
Уулсын оройд тээглэн
Урсаж ядан нүүнэ.
Тэнгэр газар уусгасан
Тэлмэн цэнхэр зэрэглээ
Борлог тахийн унага шиг
Борви сөхрөхгүй тэнчигнэнэ.
Бодлын ууланд хоргодсон
Борхон болжморууд жиргээд
Хайрын хоймор ээзгнэсэн
Хань чамайгаа үгүйлнэ.
Хурмастын өнөр хөвүүн
Хаврын олон шувуу
Хуурын утас шиг зэллэн
Нүдэнд өртөн наашилж
Нуурын хиймөрь сэргэнэ.
Цөнгөө хөөсөн нутгийн голууд
Шувуудаан үгүйлэн дүмбийвч
Цөхөрсөн сэтгэл нуураа даган сэргэж
Амрагаа бодон гэгэлзэнэ.
Гарах зуны сүлд
Газрын цэнхэр сор
Хөх яргуйн түрүүч
Хунгараа цоолон ургалаа.
Сэтгэлийн минь тээж яваа
Ухаант нэгэн амраг минь
Итгэлийн өгөөмөр хавраар
Урины шувуу шиг ирлээ.

1983.1.12

Anemones, Barely Growing through a Snowdrift, Thread through My Weary Mind

White camel clouds
stepped into the sky's place of honor,
became stuck on a mountain top,
could barely flow on.
The ambling blue mirages,
sky dissolved into land,
a newborn brown colt standing, not kneeling,
like the brown vulture's steed.
The brown larks fly away,
fewer and fewer on the mountain of thought,
and I miss you, my dear companion,
you who have taken love's place of honor.
Hurmast's kinfolk,
the many birds of spring,
to the eyes a line
like a fiddle's string,
awakening prayers over the lake.
The rivers of my homeland swell with ice,
unmoving and yearning for the birds,
but the mind left behind wakes, follows the lake,
thinking of his lover, nodding slightly.
The pennant of emerging summer,
the skyblue tip of the land,
the first of the blue anemones
grow from the snowdrifts.
My clever lover,
bearing my heart away,
has come like the water birds
in faith's abundant spring.

12 January 1983

Манант нуурын мандалд өдөлсөн
Мартагдсан хаврын хилэгнэсэн зүүд

(Энхриймаад)

Манант нуурын мандалд
Ганц хун
Миний гунигийг чирэн
Галын дөл шиг хөвнө.
Хунгийн хэвлээс тунарах
Уйтгартай долгионд элдүүлсэн
Туяхан харлаг навч
Их усанд тунин
Эрэг тэвэрч хэвтэнэ.
Хархан үс чинь салхи даган
Хавцал уруудан хийснэ.
Навчаар уйлсан шувууд
Нар орхин буцахад
Урамгүй хайр итгэл эрж
Нойр хөнгөрч сэвэлзсээр...
Үүрээр бяцхан дугхийхэд
Ирэх хаврыг зүүдэлсэнгүй!

1981 он

An Angry Dream of Feathered Spring,
Forgotten upon the Surface of the Misty Lake

for Enhriimaa

A single swan
floats like a candle flame
on the surface of the misty lake,
dragging my sadness along.
Beaten by waves of sadness
which keep it from the swan's belly,
a delicate dark leaf
lies embracing the bank.
The dark waters follow the wind,
fluttering down the ravine.
The birds who wept for the leaves
return home, abandoned by the sun,
seeking disinterested love,
flitting lightly into sleep....
Dozing a while in their nests,
they do not dream of coming spring!

1981

AVANTGARDISM

SHORT FICTIONS (1970-1980)

From a collection called *A Row of Ducklings*

Illustrations by the author

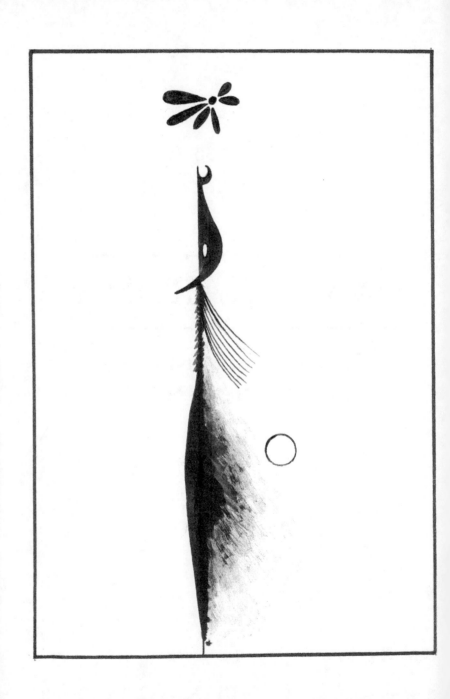

The way of the world:
the flow of time,
a measurement of destiny.

Cast into the marsh, an iron dagger corrodes,
rust dissolves into the water, feeds the flowers,
adding color and scent, it lies at the base of the monument.

1 July 1977

Ертөнцийн жам гэдэг
Ероолоос хувь тавилангийн хэмжүүр
цаг хугацааны урсгал л юм даа

Цөөрөмд хаясан төмөр сэлэм өөрийгөө элээж
зэв болон усанд уусаад цэцгийг ундаалж
үнэр өнгө нэмэн хөшөөний ёроолд хэвтэнэ.

1977.7.1

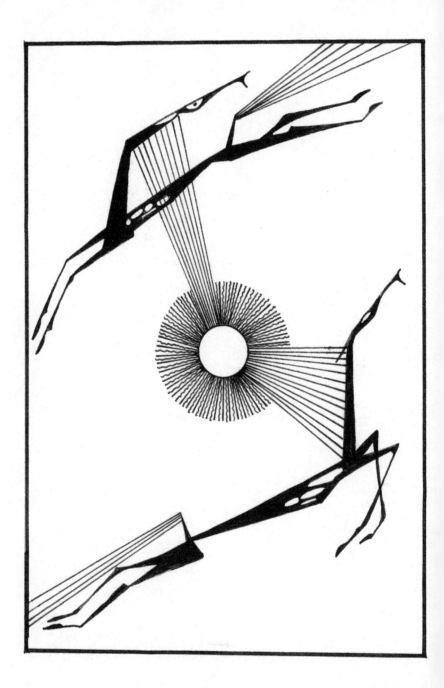

In the money ransomed for
you wretched men
who quarrel like dogs,
I get what I dislike.

You musk deer are not in the bright place you used to be,
why do you meet with men, flowing in sweat and blood?
People roam abroad like dogs,
orphaned by you, who have buried a bone, and wolves are growling,
as though to gulp down more than you, or more than the gold
for which you were ransomed, or more than anything else.

2 July 1977

Зоос чи муу сайн хүнд
Золиослогдон хооронд нь
нохой мэт хэрэлдүүлэн
миний дургүйг жинхэнэ хүргэнэ

Чи хүдэр чигээрээ алаг газартаа оршиж байхгүй
хөлс цусаа дундуур урсаж хүнтэй юунд учрав.
Чамаас болж өнчин булууны яс булаалдсан ноход шиг
хүмүүс хэрэлдэн, чамаас ч юмуу эсвэл
чамайг золио болгосон алтнаас ч юм уу
юу ч атугай бусдаас илүүг залгих гэсэн чонос архиралдана.

1977.7.2

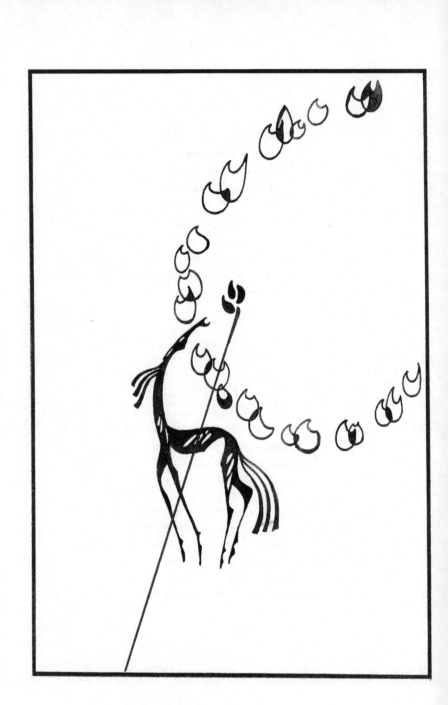

**Although that puppyish tree has stopped letting the insects eat it up,
its roots are absorbed into the earth, a shudder of carbon monoxide.**

There are too many old blackened tree stumps for the insects, they weep
resin like tears, woodpeckers and the wind break them down,
the roots shudder into carbon monoxide.
The cuckoo sings out strong, it's drunk on the scent of
the young pine, whose needles sway in the shingle breeze of evening,
and overhead even the nighttime butterflies relentlessly circle.

3 July 1977

**Гөлгөн нялх мод хэзээ нэгэнтээ өт хорхойд идүүлэн дуусавч
Үр үндсээ газарт шингээж угаасаа ганхаж ойчно**

Өвгөн хар дархи өв хивэнд илүүдээд нулимс мэт
давирхайгаараа уйлан тоншуул, салхи хоёрт нүдүүлж,
үндэс угаараа салганан ганхах ажээ.
Асгын салхинд орой шилмүүсээрээ найгасан шинэ гацуурхны
анхилд нь согтсон хөхөө ихэмсэг донгодож,
шөнийн эрвээхэй хүртэл түүний дээгүүр амсхийлгүй эргэнэ.

1977.7.3

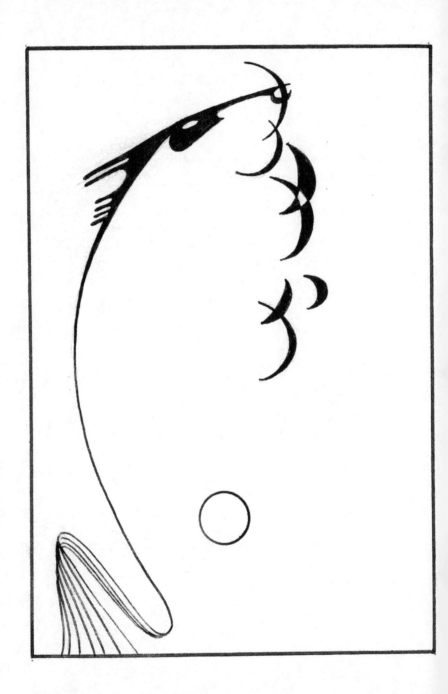

Love nourishes the birds of thought,
they feel their way along the borders of desire,
and fade away into the sky.

Fading away into the sky on the winds of desire,
they drag my fate with them, it becomes an invisible point.
The birds of desire are clear as day to faithful eyes,
they bring a wife's intuition to the birds of thought.

4 July 1977

Хайр бодлын шувуу тэжээж
Хүсэл хяслын заагаар тэмтчин орж тэнгэрт замхарна

Үүрсэлийн тэнгэр салхинд замхран
миний совинг чирсээр үл үзэгдэх цэг болов.
Хүслийн шувуу нүдний итгэлд тодрон тодорсоор
эхнэрийн зөнг авчирч бодлын ахгаахайд шувуунд амсуулав.

1977.7.4

From the base of a stone book
a bloody red flower appears,
pleasing the old man's soul.

The shadowy writing on the old man's gravestone has been worn away by the winds of years, yet it is clear... The blood red flower grows up, a shard of granite, the skies drink it up, they come together in the fetus of the earth, absorbed into the breath of autumn, yet in the light blue days of spring more and more are swaying there, ever more red.

5 July 1977

Чулуун судрын улнаас
Цусан улаан цэцэг бултайж
Өвгөдийн сүнсийг баярлуулна

Өвгөдийн минь булшны чулуу он жилүүдийн салхинд элэвч сүг бичиг нь тодорсоор....Тэндээс боржин эмтэлсэн цусан улаан цэцэг ургаж, тэнгэр уун, газрын хээлэнд хөөөлж, намрын амьсгаанд шингээвч, хаврын цэнхэр өдрүүдэд улам олон, улам улаан болж нахиална.

1977.7.5

War is the greatest disaster for humanity,
yet it is true
that civilization has never seen a day without war.

As though lying down
to worship all that is beautiful,
the marble lions
are sweating smoke.

6 July 1977

Дайн гэж хүнд хамгийн хэрэггүй гамшиг ч
Хүн төрөлхтөнд дайн самуунгүй нэг ч өдөр байгаагүй нь
үнэнтэй

Гоо бүхнийг бишрэн
Залбирч хэвтээ юм шиг
Гантиг чулуун арслан
Утаагаар хөлөрч ахирна.

1977.7.6

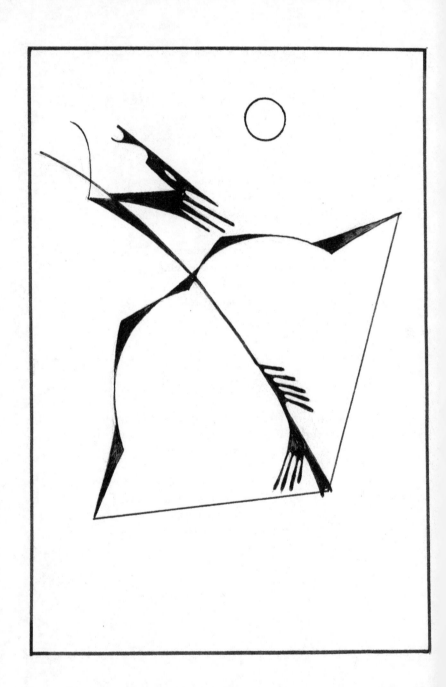

**One who is overcome by jealousy and spite
will have nothing left when the end comes
and will taste loneliness.**

Why be envious of a memorial?
It will not grow old, it will not grow young.

7 July 1977

**Атаа хорслыг эзэгнэгч хүн
Адаг сүүлдээ юу ч үгүй хоцорч
Ганцаардлын туйлыг амсана.**

Хөшөө чулуунд юундаа атаархана вэ
Хөгшрөх ч үгүй, залуужих ч үгүй тэр чинь.

1977.7.7

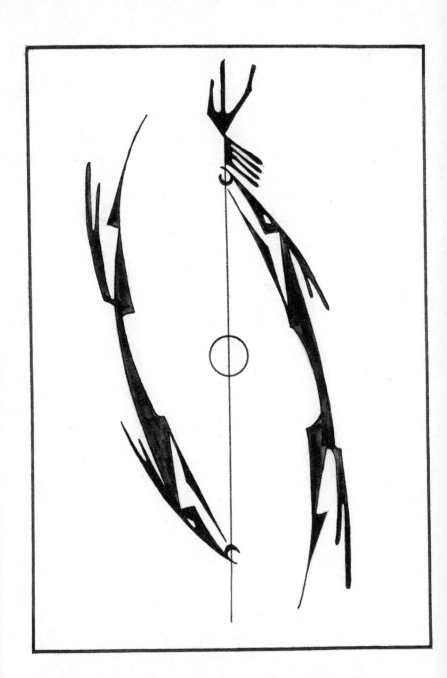

**If you sense that death does not stop
at the boundary of birth,
you'll experience the good and the bad.**

Tucked into its wings
are the future and the past,
two sledgehammers, black and white,
and as its thoughts gnaw at the rocks,
the neighbors' black stallion
clashes together its iron teeth
to bite my bound hands.

8 July 1977

**Үхэх төрөхийн заагт
Үл төгсөхийг мэдрэх аваас
Сайнтай ч муутай ч учирна**

Өнгөрсөн, ирээдүй хэмээгч
Хар цагаан хоёр лантуунд
Хөл жигүүрээ хавчуулж
Бодлоороо чулуу мэрэхэд
Саахалтын айлын хар азарга
Төмөр шүдээр ахиралдуулан
Зангидсан гарыг минь хазна.

1977.7.8

Though the nature of the world wears everything down,
what remains has the nature of eternity.

Fire-red roses,
glowing like flames,
break from my neck, struck by a stray bullet,
and when they fall into the fire, they stay among the smoke
in the mountains of charred rocks.

9 July 1977

Ертөнцийн жам гэж бүхнийг элээж дуусгадаг
Үлдээх юмаа мөнхрүүлдэг жамтай

Дал мэт улалзах
гал улаан сарнай
зэрлэг суманд оногдон ишнээсээ тасарч
Гал дунд унахад хар хад шатсан уулстайгаа
утаан дотор үлдэв.

1977.7.9

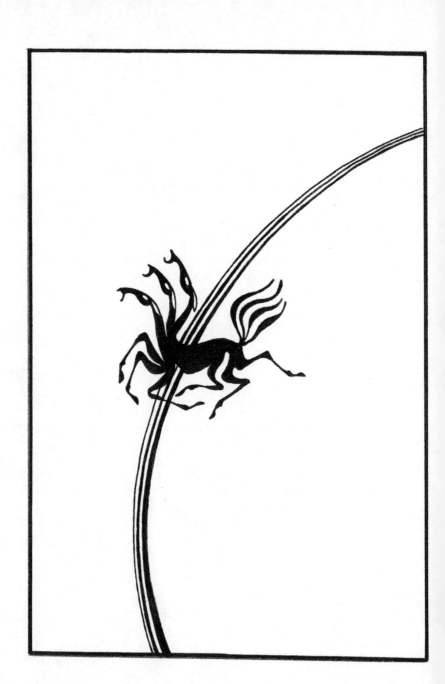

**If you do not honor tradition,
it's like destroying the mountains and the waters.
And you'd be right to think
you'll weep and weep and not make peace.**

My friends pulled the covering across the roof-flap,
the colored ropes are turning.

10 July 1977

Уламжлал ёсоо үл дээдлэх аваас
Уул усаа нураахтай адил
Уйлаад уйлаад ч үл эвлэхийг
Ухаарвал зохилтой та

Эр нөхрөөрөө татуулсан өрхний
Эрээн дээсгий эрч эргэх вий.

1977.7.10

Thinking on his knees,
delayed for a while in the winter encampment,
the old man shakes a while, sobbing.

Drops of hard rain
flow down our cheeks.
For years we human stones
have not met with them,
like a mother and her sons.

11 July 1977

Өвгөдөө дурсан санаж
Өвөлжөөнд нь түр ч болов саатваас
Өвдөг чичирч нармай мэгшинэ

Хөх борооны дусаал
Хүн чулуу бидний
Хацар даган урсах нь
Он жил уулзаагүй
Ээж хүү мэт байлаа.

1977.7.11

Birds fly back, calling
like approaching clouds of sadness.
Birds, coming in a line,
like the three dry cords of a horse-catching pole.

On indistinct days of birdless spring
the pink winds encircle me,
making music with misery, grieving sad rhythms,
yet such are the colors of memory.

12 July 1977

Шувууд ганганан буцах нь
Гунигийн үүд сөхөх мэтээ
Шувууд зэлээн ирэх нь
Гурамсан хуйв эгшээх мэт ээ

Шувуу зутарсан хаврын сүүтгэр өдөр
Ягаан салхи намайг тойрон ээрч
Уйтгар хөглөн гунигийн айзам гэнших нь
Ямар ч гэлээ дурлалын өнгө мөн буй за.

1977.7.12

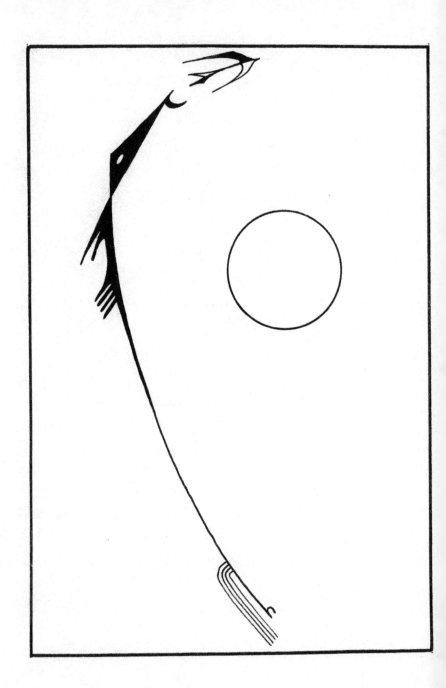

It is like the pungency of Mother's distillation,
curds boiled in a barrel.
Just as Mother's character,
it is like the distilling of alcohol without making curds.

Though it boils in a cast-iron pot, like river water
flowing swiftly between the rocks,
most of it disappears into the sky to become rain,
meeting with the birds coming to the lake in spring.

13 July 1977

Торхтой аарц буцалгаж тогоо нэрэх ээжийн
Нэрмэлийнхээ ааг шиг ээ
Архийг нэрж аарц болгодоггүй нь
Ээжийн минь ааш шиг ээ

Зай хадны завсраар харгиатан урсах
Голын ус шиг ширмэн тогоонд буцлавч
Ихэнх нь тэнгэртээ замхран бороо болоод
Нуурандаа очиж хаврын шувуудтай уулзамуу.

1977.7.13

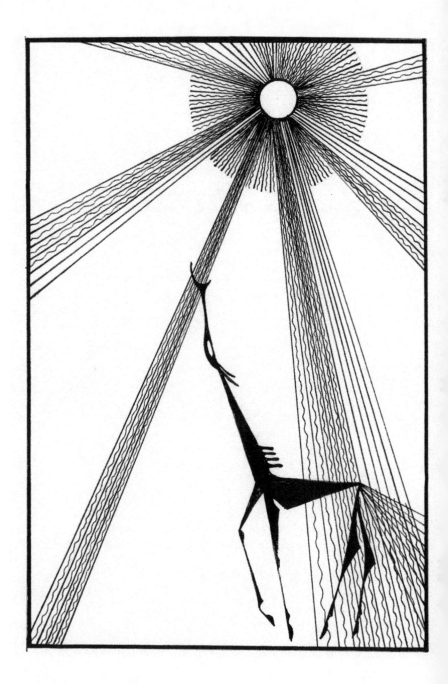

May the sun last forever.
May mother be continually with me.
May mother take care of me.
May she send me her blessing.

When, like iron spheres, the red cells of thought
clash against heat and cold, the sky torments the fire's
harsh red smoke, asking for the sun.

14 July 1977

Нар минь мөнх байгаасай
Намайг үргэлж ээж байгаасай
Ээж минь намайг хүлээж байгаасай
Ээлтэй үгээ илгээж байгаасай

Төмөр бөмбөг шиг бодлын улайссан эсүүд
Халуун хүйтнээр харшихад хар галын улаан утаанаас
Тэнгэр, нарыг гуйж тарчилдаг билээ.

1977.7.14

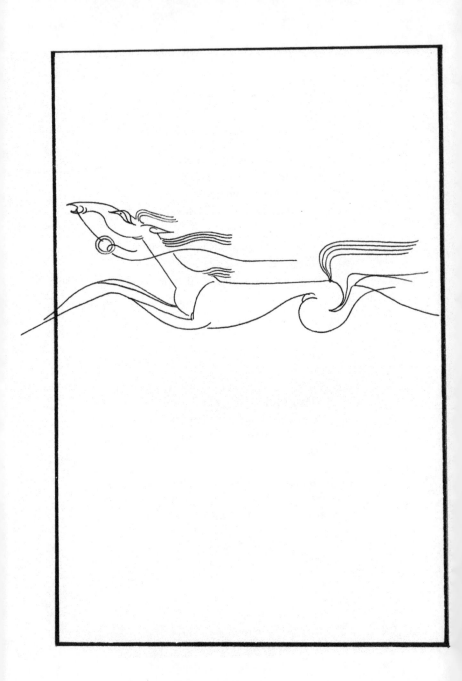

Space and time
scatter like shy horses.
In the evening, when I fall,
may I depend on the high mountains.

The black crupper of this era breaks apart,
chopped up in the mill of future time,
my young white horse awakens and
gallops out from the black ring
to join the the red herd.

15 July 1977

Орон зай цаг хугацаа
Ороо адуу шиг ахилах юм
Орой нь өндөр уулс минь
Ойчихын минь цагт түшиж аваарай.

Ирэх цагийн сэнсэнд цавчуулсан
Энэ цагийн хар хударга тасрахад
Нялх цагаан хүлэг минь сэрж
Хар цагирагнаас гарч давхилдсан
Улаан адуутай нийлж одмуу.

1977.7.15

Where there is light on the earth,
the shadows will follow,
and having set up my ger,
there will I sprinkle milk.

When life is good, the heart lacks something,
there are too many shadows from the dark forms which encircle me.
But I see that it is eternally full, like the milk sprinkled upon life,
in which the black and the white contradict each other.

16 July 1977

Гэрэл нь байх аваас
Сүүдэр нь дагадаг хорвоо
Гэр минь байваас
Сүү нь цалгидаг жамтай

Амьдрал сайхан атлаа сэтгэлд нэг л юм дутуу бол
Орчин тойроны бараан биес бүхний сүүдэр ихдэн харагдана.
Гэвч би хар цагаан нь зөрчилдсөн
амьдралыг цалгисан сүү шиг мөнхөд дүүрэн гэж ухаарнам зэ.

1977.7.16

When a person kicks the rocks of his homeland,
it reverberates through the fire in his ger.
When his father grows upset,
it's better for him to eat withered grass.

Out of your depth in the vast ocean,
although you make it to the shore on the strength of your pride,
you fall to praise the broken rocks.

17 July 1977

Хүний нуттийн чулууг өшиглөвөөс
Өөрийн гэрийн галт доргино
Хөөрхий ааваа гомдоосонд орвол
Өгөр өвс идсэн нь дээр

Их далайн гүнд хөл алдаж
Сагсуугийн аагаар эрэгт гарсан ч
Сайр чулууг нь мөргөж унав.

1977.7.17

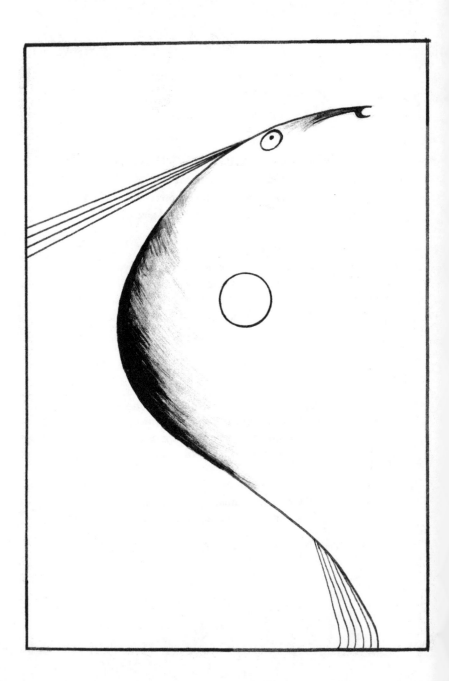

The character of Mongolians
develops on a horse's mane.
A snake sheds its skin beneath the earth.

The young girls flirt with friends from the encampment,
they whisper like needles,
talking trash from head to toe,
but they are not disturbed.

18 July 1977

Монгол хүний шуудаг
Морин дэл дээрээ торнидог
Могойн арьс газар доороо гууждаг

Айлын нөхөртэй маасганасан хүүхэн
Хов яриагаар л ул зулайруугаа
Зүү мэт шивүүлнэ
Гэвч өвдөх биш дээ.

1977.7.18

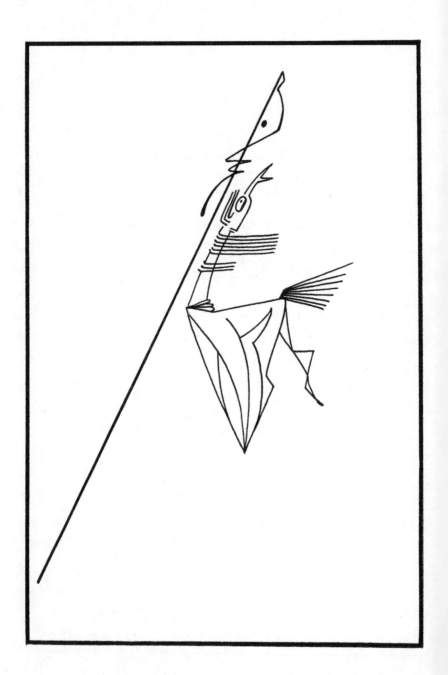

Even in winter's cold,
a man's icy nature is warm.
But a man whose iciness has fled
is cold, even in summer's heat.

You passed me by
with your nose in the air.
Will the dust from my feet
poison everything, then?

19 July 1977

Хүний мөс чанар
Хүйтэн өвөл ч халуун
Харин мөсөө гээсэн хүн
Халуун зун ч хүйтэн

Та миний хажуугаар
Ярвайж өнгөрөх чинь
Хөлийн минь бор тоос
Нармайг чинь хорсгоо юу?

1977.7.19

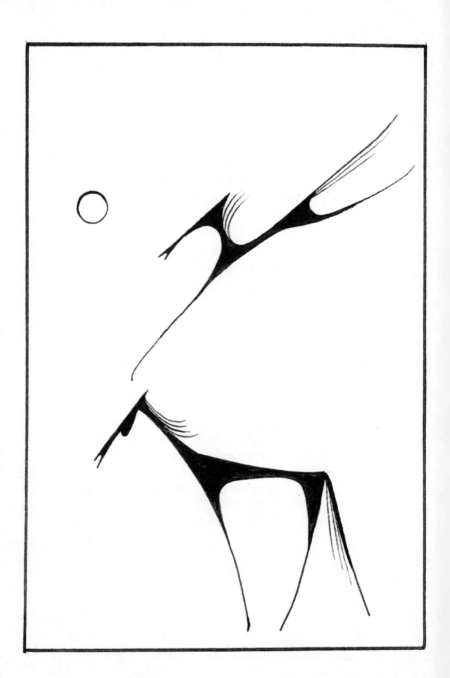

The two strings of the horsehead fiddle
moisten even the driest heart.
The love of a frozen heart
is no different from solid ice.

A woman's clear voice
echoes against the rocky cliffs,
and caught up amid the struts of a wall,
a single man's fast
bristles towards the pasture.

20 July 1977

Хуурын хоёр чавхдас
Хуурай сэтгэлийг ч норгоно
Хөрсөн сэтгэлийн хайр
Хөлдүү мөснөөс ялгаагүй

Бүсгүй хүний цээл хоолой
Хад лугшаан цуурайтахад
Хаяа шуулттай ханин шийрээр
Ганц бие эрийн өлөн харц
Бэлчээрийн зүг сөрвөлзөнө.

1977.7.20

A flock of cranes heads
straight through the clouds.
The sound of milk-sprinkled stirrups
startles the karma.

Like birds wading through milk
is a woman who has lost faith.
Once her dark eyes are calmed,
they brim with happiness.

21 July 1977

Сүрэг тогоруун цуваа
Үүлс нэвтлэн наашилна
Сүүтэй дөрөөн чимээ
Үйлийн үрийг цочооно.

Сүү туучсан шувуу шиг
Итгэл алдсан бүсгүй
Номхорсон хар нүдээрээ
Жаргал тэмтрэн мэлмэрнэ.

1977.7.21

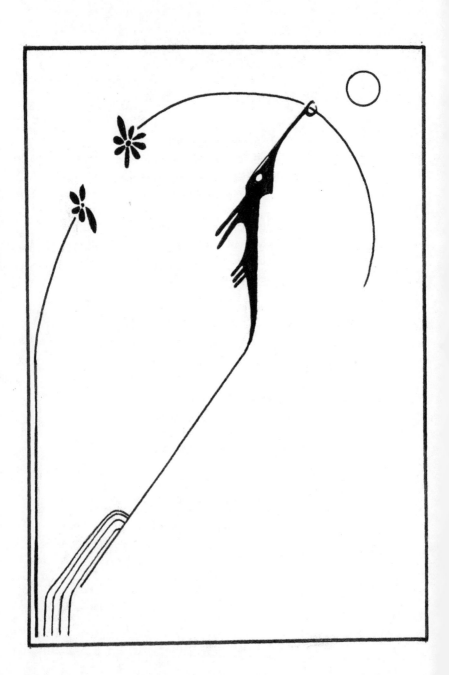

Without roots, a tree will not grow.
Without children, a lineage will not continue.

An attractive woman with bad karma
has a heart that whispers in sharp needles.
The rays of the sun and moon set the roots alight deep into the earth,
riding on the melody of the wind, rising up in a blaze of red, fated
to be close to the family's roofring.

22 July 1977

Үндэсгүй бол мод ургах нь үгүй
Үргүй бол удам залгах нь үгүй

Үйлийн үргүй хөөрхөн бүсгүй
Үзүүрт зүү шиг зүрх шивнэ.
Нар сарны цацраг газрын гүн рүү үндэс болон бадарч
Салхины эгшгээр хөглөгдөн улаан өнгө бялхаан мандаж
Айлын тооно бараадах тавилан бас бий.

1977.7.22

Lovers with human destiny,
playing like horses.
Good fortune and bad grow like flowers
at the edge of a rocky cliff.

Beneath the rainbow sky,
ten thousand horses, gray and white,
bite at one another with their molars,
and kick out with their hooves, yet
when the storms strike, they long for each other.

23 July 1977

Хүмүүн заяатай амрагууд
Хүлэг мэт үүрсэлдэнэ
Хүсэл хясалын заагт
Цэцэг мэт ургана

Солонгот тэнгэрийн дор
Түмэн борлог азарга
Араа шүдээ хэмхэлцэн
Хөл туураараа тангаралдавч
Шуурга шуурахын цагт бие биеийг үгүйлнэ.

1977.7.23

On the earth which deals gently with harshness,
a taste of stone in the water.
Thinking only of me,
crying abruptly, love weakly flies.

The child of steel which never grows blunt
and reddens in the crazy red fire, yet
for a moment stands firm, at peace with the guard in the wind,
kicks out at the hammer's brain.

24 July 1977

Зөөлөн нь хатуугаа дийлдэг хорвоод
Ус уухад чулуу амтагдана
Зөвхөн намайг боддог бол
Уулгамч хайр нялхаран нисч ирнэ

Хэзээ ч үл халирах хүү бол
Галзуу улаан галанд хэдий их улайсавч
Агшин зуур сахинд эвлэн хат сууж лантууны тархи зад
тийрдэг буюу.

1977.7.24

Flowers were planted by hand.
Sadness has planted misfortune.
The grass which grew on the land
is life in a city of mirages.

Near the window,
mountain flowers
are the mournful eyes
of wise young women.

25 July 1977

Гараар тарьсан цэцэг
Гай тарьсан гуниг
Газартаа ургасан өвс
Гандирсын хотын амь

Цонх бараадуудсан
Уулын цэцэг
Ухаантай хүүхний
Гунигтай нүд.

1977.7.25

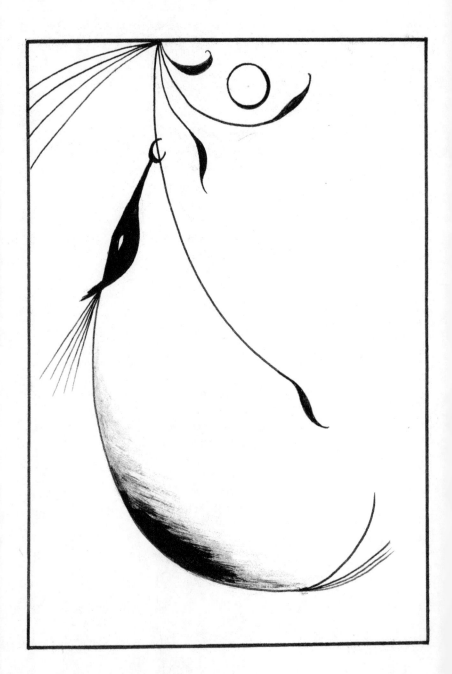

The black-eyed butterflies
are enemies, making the men duck,
so that the gentle, sweet women
might leave without making peace.

The airag she sells
is hair-raisingly bitter,
but the woman selling it
doesn't forget the taste.

26 July 1977

Эрвээхэй хайр нүд
Эрчүүдийг нугалах дайсан
Энхрий ялдам бүсгүйчүүд
Эвлэхүй хагацахуйн туйл

Худалдаж байгаа нь айраг нь
Үс босгом гашуун ч
Худалдагч хөөрхөн бүсгүй нь
Амт марттал аальгүйтнэ.

1977.7.26

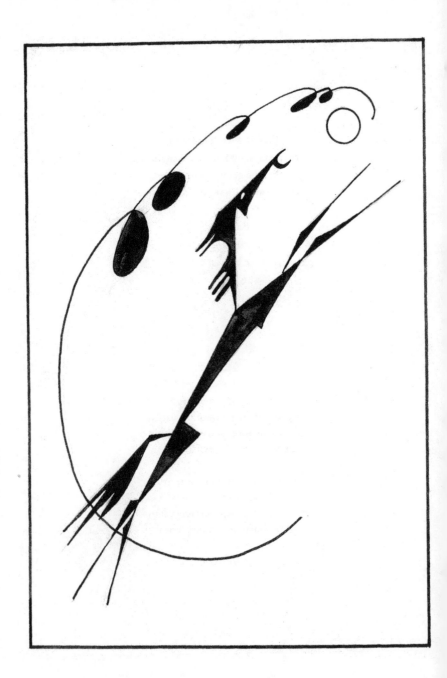

My father gave me as a gift a mountain from his homeland.
My father gave me as a gift the flow of his rivers.
My father gave me as a gift the colors of his sky.
My father gave me as a gift the mirages of his steppe.

My father rode the horses which grazed on the best grass,
so he was a man whose saddle was not the best.
Oh, then, what should I choose?

27 July 1977

Аав надад нутгийнхаа уулыг бэлэглэсэн
Аав надад усныхаа урсгалыг бэлэглэсэн
Аав надад тэнгэрийнхээ өнгийг бэлэглэсэн
Аав надад талынхаа зэрэглээг бэлэглэсэн

Аав минь морь сорлон унахаас
Эмээл шилдэггүй хүн байсан
Ээ дээ би юугаа шилэх билээ?

1977.7.27

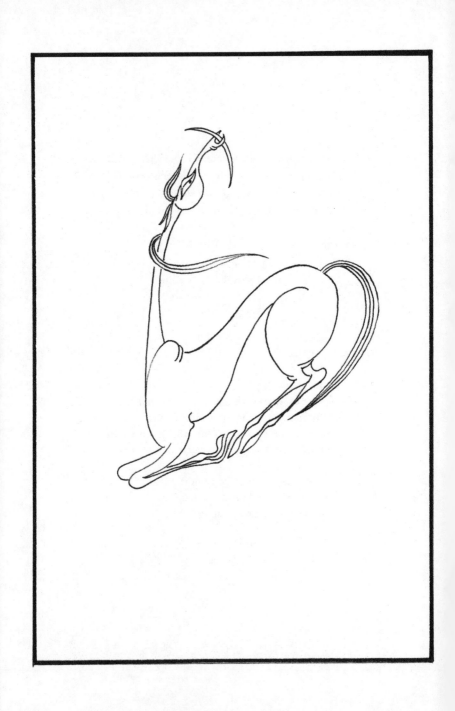

In the cold pastures along the upward road
of this earth, with its thorns and its flowers,
though it wears you out,
you'll make the others look good.

You fall on the blades
of stammered black slander,
no matter that it slices through your heart,
please just keep creeping on.

1 August 1977

Өргөстэй ч цэцэгтэй ч хорвоогийн
Өгсүүр замын хүйтэн бэлчирт
Өөрийгөө элээж байгаа ч
Өрөөлийг өнгөлж явъя даа

Ээдэрсэн хар ховны
Ирэн дээр унаж
Зүрхээ зүсвэл яана,
Зүгээр барьж сажлаарай.

1977.8.1

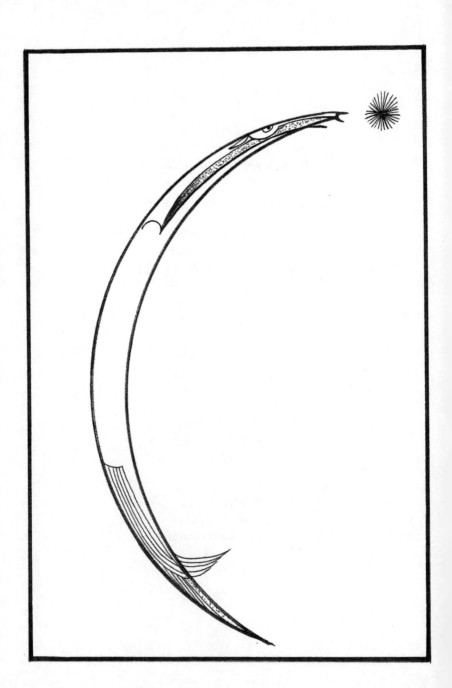

In the waters of my homeland's rivers
I can smell the scent of your pigtails.
In the wings of my homeland's birds
I hear the melody of the songs you sang.

The ocean's tears
fall, trembling,
onto the petals, like lips of a young flower,
and I yearn for you, sitting
like a flower amid flowers.

2 August 1977

Миний нутгийн голын уснаас
Чиний гэзэгний үнэр анхилна
Миний нутгийн шувуудын жиргээнээс
Чиний дуулсан дууны хөг эгшиглэнэ.

Тэнгисийн нулимс
Нялх цэцгийн уруул шиг дэлбээг
Чичигнүүлэн унахад
Би цэцгэн дунд цэцэг сууж
Чамайг мөрөөднө.

1977.8.2

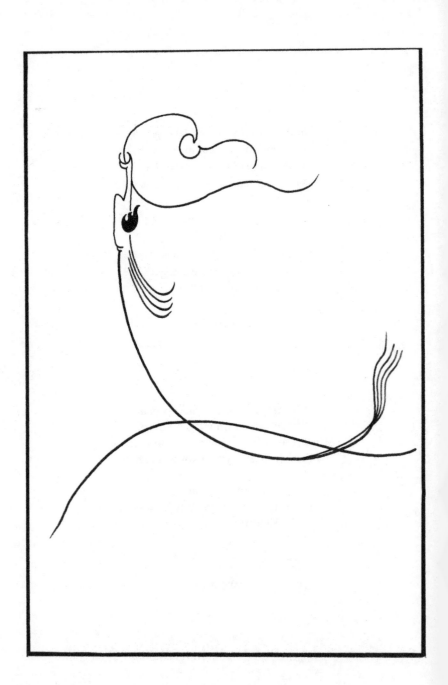

The biting cold of winter
freezes and hardens me.

The gentle warmth of summer
mollifies and softens me.
Though the hillsides are white,
when the lambs are bleating on the tethering line,
the frozen dung will thaw.

3 August 1977

Өвлийн тэсгим хүйтэн
Намайг өлчиржүүлсэн хатжуулна

Зуны аагим халуун
Намайг уясаан уяраана.
Хөтлийн шил цагаан ч
Хөгнөтэй хурга майлахад
Хөлдүү хүйдэс гэснэ.

1977.8.3

**Women of bad character
are the puddles at the family's door.**

She is not in fact the worst of people.
The pure light blue smoke billowing from juniper,
the woman who's offended by her husband
boils up in anger,
she closes her eyes,
and falls into the puddle.

4 August 1977

**Ааш муутай эм хүмүүн
Айлын шалбаагтай үүд**

Адгийн хүн ерөөл байхгүй нь
Арцнаас уугих ариун цэнхэр утаа
Нахартаа туньдаг эм
Шар хороо буцалгам
Нүдээ аньж яваад
Шалбаагт унах нь буй.

1977.8.4

When flowers fade, they fall to the earth.
When we chatter away in aphorisms, they become useless.
With a single good word, you can revive someone.
With a single bad word, you can cause someone harm.

The very first word I spoke to you
was a flower half burnt, but
truly I would not have the ashes flutter away
on the winds of your mind.

5 August 1977

Цэцэг гандахын цагтаа газар унана
Цэцэн үг хуучрахын цагтаа үнэгүйтэнэ
Ганц сайн үгээр хүнийг амилуулах нь буй
Ганц муу үгээр хүнийг гайтуулах нь буй

Чамд хэлсэн анхны ганц үн
Хагас шатсан цэцэг байсан ч
Үнэндээ чиний сэтгэлийн салхинд
Үнс болж хийсэхгүй юмсан.

1977.8.5

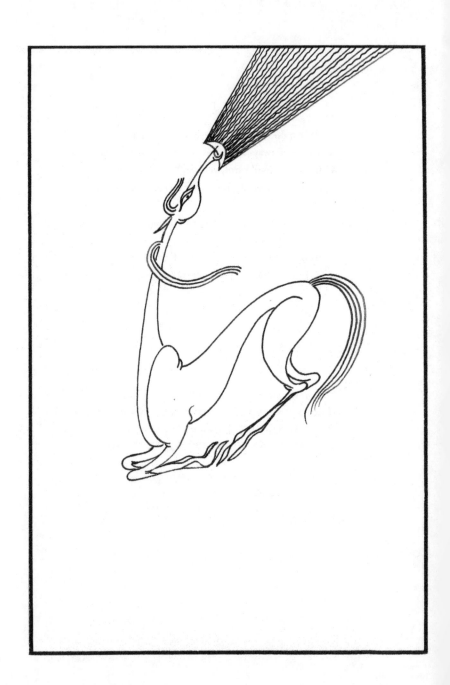

**Now and in the future, blood will pump
through the veins of the human stones.**

When a living man becomes a phantom,
his soul walks away in flight.
The nomadic sun, as it sets
in the evening, has not found the rafters.
Is my generation mistaken
when the old man, early to rise, goes home?

6 August 1977

**Хүн чулуун хөшөөний судсанд
Өнөө хэр цус лугших нь буй**

Амьд хүн ч гэлээ сүг болбол
Алхаж байгаа ч сүнс нь зайлах
Нүүдэл нар хэвийхэд хөдөлж
Үдэш тотгоныхоо унийг олсонгүй
Эртэч өвгөн халин одоход
Энэ үеийнхэн минь эндлээ гэж үү?

1977.8.6

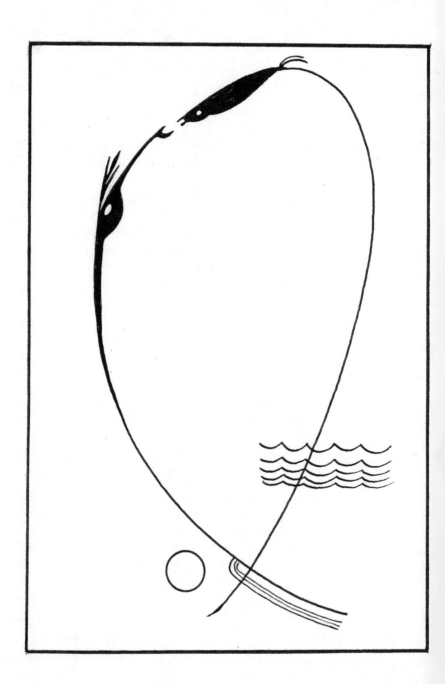

Water is a most volatile element.
Either water brings forth water,
or vapor flies up,
and ice freezes the hand.

From wet eyebrows, beaten like black
butterflies by the hail,
tears and sadness come together,
storms rip them apart, and tomorrow they are forgotten.

7 August 1977

Ус бол маш хувирамтгай эс
Нэг бол ус усаараа урсана
Эсвэл уур болон хөөрөөд явчихна
Бас мөс болон гар хайрна

Ингэн туйлаадаст балбуулсан
Хар эрвээхэй шиг нойтон сормосноос
Нулимс гуниг хоёр хэлхэлдэн
Шуурга сөрж асгахад маргааш мартагдана.

1977.8.7

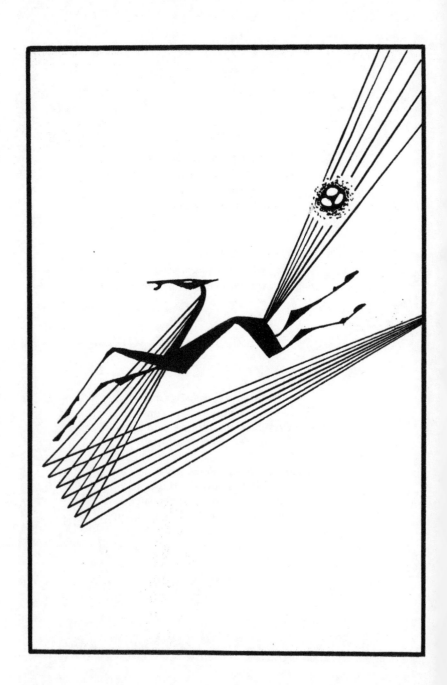

Messengers of the sun—downwards, downwards.
Drops of dew—upwards, upwards.

When my son was brought to birth,
the sky's light blue color was playing on his hips.
Look, my light blue flower,
the dew hanging on your petals
is falling into the eyes of the flying sun.

8 August 1977

Нарны элч доошоо доошоо
Шүүдрийн дусал дээшээ дээшээ

Миний хүүг бүрэлдэж төрөхөд
Тэнгэрийн цэнхэр өнгө хондлойд нь үсрэв.
Тэсч үз дээ цэнхэр цэцэгхэн минь
Дэлбээ дүүрэн бөнжигнөх шүүдэр чинь
Дээшээ нисч нарны нүдэнд ойчно.

1977.8.8

An eternal, deathless child
comes in dreams of heaven's colors.

The child of timeless love is born,
invited into a pure white soul.
The camel cow bellows.
When the warm hand of trust
offers love's affection,
are not the nightmares far away?

9 August 1977

Тэнгэрийн өнгөтэй зүүдэнд
Үхэлгүй мөнхийн хүү ирэв

Цагаан сүнсэнд урхидуулан
Цаглашгүй хайрын үр төрөв
Ингэ буйлаад л байна
Итгэлийн халуун гар
Хайр илбэн сөгнөхөд
Хар зүүд холдов уу?

1977.8.9

THE END OF THE DARK ERA,
OR THE LAMENT OF MY DREAMS
(Modernism and Me)

Around thirty-five years ago, in 1968, I completed the eight years of my middle school education in Harhorin, in Övörhangai province. I came to Ulaanbaatar at fifteen, a young kid from the countryside. I had been accepted into the sculpture class at the manufacturing co-operative's Craftworkers' Academy, and so I became a student of the sculptor Chuvaamid. From my naïve perspective, this was a great development, it gave me a leg up. In 1968, too, there was an exhibition in the gallery of the Mongolian Artists' Union, "Developments in Abstract Art," and that caused something of a storm.

The most famous and eminent figure represented in this exhibition was the People's Artist O. Tsevegjav, who had twice been awarded the State Prize. I read a review in the newspaper *Ünen* which mentioned a few other names—P. Baldandorj, D. Sanjaa, G. Soosoi, D. Bayar, Ts. Dorjsüren and M. Bütemj—and there were comments about how "the evils of capitalism" were coming into Mongolia and about "righteous struggle," but to be quite honest, I didn't really understand what it all meant.

O. Tsevegjav was the subject of a warning given to the public artists who were involved in the exhibition. He was a bad influence on youth, and warnings were issued regarding a "dissolute" piece of his, "Pure Beginner's Mind," that its style "should not be followed." Still, the exhibition turned out fairly well. Tsevegjav had painted "Pure Beginner's Mind" after carrying out his own research, for us he was a type of Kandinsky. So it was that Baldandorj was expelled from school in Czechoslovakia, and Bayar, Bütemj, and Dorjsüren were banished to the countryside while this storm died down. Our boss "Bal"—Yu.Tsedenbal, the General-Secretary of the Party at that time—spoke clearly about this on the radio, when he said, "...our enemies have yet to take up arms against Mongolia, but this is precisely what the dissolute movement of capitalist 'abstract' art has done."

This was in fact the first time I had heard the term "abstract," and hearing it piqued my interest. When I completed my education in 1971, I made my first sculpture in wood, "Sühbaatar's Childhood," which was included in an exhibition dedicated to the fiftieth anniversary of the People's Revolution. This sculpture was awarded the Union of Mongolian Artists Prize in 1972, and, buoyed by this success, over the next two years I completed around ten sculptures of varying sizes—"Members of the Red Party," "The Wild Animal," "The Upward Road To Happiness," "Camels in Summer," and others. In 1975, the State Prize-winning artist D. Amgalan decided that I should enroll directly in the graduating class in decorative ironwork at the Academy of Figurative Art. I graduated after studying for a year, during which time I was taught the history of world art by the art historian L. Batchuluun. From this time onwards, I started to become interested in different artistic movements, and I was greatly taken by the various trends and methodologies which had dominated the development of Western art.

The development of art is not catalyzed by extensive financial and social decline, nor does growth in public finances produce artistic growth. Before the first World War, Russian abstract art had been developed by Malevich, Kandinsky, and Larionov, Italian Futurism by the likes of Boccioni, Severini, and Balla, and French Cubism by artists such as Braque, Gleizes, Metzinger, Delaunay, and Léger. During the 1920s, the German Klee and both Arp and Duchamp from France were influential in the establishment of Dadaism's childlike art in Switzerland, and its development in France, Germany, and Italy. There was Expressionism, with its focus on the expression of the ego by artists such as Munch, Ensor, and Pechstein, Modigliani from Italy and the Russian painter Chagall. Following this came Surrealism and Matisse, who had been the primary influence on Fauvism in 1905, and then Pop Art, which developed as a popular form of art in France. Along with Pop Art came other schools of art.

And before all these schools, there were other schools such as classicism, Romanticism, Realism, Impressionism, Post-Impressionism, Symbolism and the *Jugendstil*, which had transformed figurative art during the nineteenth century.

I want to talk a little about the abstract art which became my main focus. In 1994, I traveled to London for an exhibition of my work in a gallery of modern art. The first room housed works by Kandinsky, Malevich, and Larionov, whom the guide described as "artists of genius, the founders of abstract art." Intending to find in London a book including their works and biographies, I had discovered something rare, what we Mongolians call a "green lamb's fleece," I couldn't believe how valuable this was, it was fantastic, it was like "coins flying in the sky." These painters had opened up, had started everything, how great was their value? Maybe I had not been mistaken in my own abstract art over the course of almost thirty years. The arrow had struck my stupid brain, I had fallen in step with the development of world art.

I graduated from the Academy of Figurative Art and, having completed a few abstract pieces, I was under suspicion as "that miserable whelp" who was going crazy. I was branded and excluded from studying figurative art at a foreign school, so I entered the history department of the Mongolian National University. I was quite happy with this—what could be wrong with studying the history of my motherland? After 1974, not only was not one of my pieces ever accepted for an exhibition, but also nobody would publish any of the modernist poetry which I had begun to write. But I didn't abandon my art, however much I complained. I worked with an arrogant determination in many forms of literature and figurative art, and made myself unhappy. Today I have books containing thousands of my pieces.

I was thinking of mentioning Kandinsky again. Wassily Kandinsky was born in Russia in 1866 and died in France in 1914. He graduated from the University of Moscow in economics and, when he went to villages in the countryside to work as a researcher, he became extremely interested in the form of ancient buildings. His focus was directed more and more towards the world of art, and, resolving in 1896 to become an artist, he traveled to Munich. He saw an exhibition of Claude Monet's work and the thrill of becoming an artist grew stronger. In 1902, Kandinsky built his own art school where he taught new young artists of especial talent. He traveled through Holland, France, and Italy, visiting galleries and attending dozens of exhibitions, and meeting with the leading artists in those countries. He returned to Germany in 1907 and organized an exhibition together with some other artists, and the works presented, carrying the breath of the new art, drew the attention of important figures of the time. He established new connections with artists in Munich and, in 1910, had his first showing as an abstract artist. These were the first works in the world to express the theory of abstract art, and even today there has been no theoretical work like Kandinsky's *Concerning the Spiritual in Art*, published in German in 1912 and subsequently translated into English. To paraphrase Kandinsky, form and color have their own inner qualities. If they are mixed, then these spiritual qualities are transformed. Color and form also each have their own magic, and the ability to influence one another. For instance, regarding the qualities expressed by the color green, the activity is sluggish, and so it is likened to a fattened cow. The color red is no different from the melody of a violin. The form of a triangle is always optimistic, producing such a mindset as it constantly seeks the highest point. Artistic people are always optimistic, like the triangle.

A work of art, Kandinsky tells us, is a mental conversation between the viewer and the artist. It is also an important living soul which purifies the human mind. What this means is that purification through art is extremely simple. In explaining why he became an artist, Kandinsky writes with clarity about how he gradually understood that the natural state was quite separate from the abstract state, and that he realized at a profound level how physical form disturbed his art. To my mind, this is perhaps the central point, the living thread, of his theory. His first individual exhibition, which opened in Berlin in 1912, was a revolution in artistic understanding.

Five years later, during Lenin's revolution, Kandinsky went back to Russia, where he produced many artworks. Between 1917 and 1921, he worked as the director of the Academy of Figurative Art, and also helped to establish a new art museum. In 1921, Kandinsky, having had all his work destroyed by the revolutionaries, returned to Germany.

A new revolution took place in Mongolia in 1921, and those who would distort the revolution gradually took power and destroyed the valuable cultural artefacts which had been created by the Mongolian people over many centuries. This is what we know to be the inevitable influence of revolution.

When Kandinsky returned to Germany in 1921, the architect Walter Gropius had already established the Bauhaus school two years earlier, hoping to promote figurative and ornamental art. It became the principal school for contemporary art, offered teaching on all artistic movements, and numbered among its members the most famous artists of the day. During his time working at the school, Kandinsky wrote two further books on color theory.

Kandinsky's intention as a researcher was "to sweep away the differences between sketching, ornamentation and fine art, and to create a futuristic, combinatorial art." In order to create great pieces, researchers would work together. In 1929, he traveled from Weimar to Dessau, where he collaborated with others on architecture, functional design, and ornament. The pieces he created according to Gropius' design were rejected by his superiors, and in 1933 he returned to Berlin. Soon afterwards, the National Socialists disbanded the embryonic new art academy.

At this time, the arrogant Mongolian revolutionaries were burning down artistic and religious culture, and shooting the monks and intellectuals, as though they were all somehow deficient.

In an interview with me which appeared in the *Ulaanbaatar Times* (13 April 1999), the journalist Ö. Batzorig asked me about something he had heard, to the effect that I had largely turned away from writing modernist poems. In reply, I said the following: "In fact, I'm someone who involves himself in many things. When I was young, I wrote poems and essays. But when people get involved in lots of projects, their thoughts tend to become distracted.

"My teacher D. Perlee, in addition to translating historical works, also wrote poetry and fiction, and he also drank. He was at least a man who wore good shoes and carried a nice bag. I studied a lot with him. When I wrote poems and fiction, I searched out special forms, because I was deathly afraid of copying other people. In the end I left him behind, and not only did my poems stop being published in the literary journal *Tsog* and in other periodicals, but my art also ceased being shown in exhibitions. During the 1970s and 1980s, a few of us young writers became interested in new artistic movements, and this was long before the self-appointed '*komandant* of the modernist front' B. Galsansuh started to 'renew' poetry, yet we turned away from such things. My late friend, the translator D. Altanhuyag, once said to me, 'These poems of yours are good. But don't show them to anyone, otherwise they'll be plowing up your mind.' So I stopped showing them. Now I have some ten volumes of poems and fictions ready for publication, but I have had little opportunity to do so..."

A few young people, who today copy foreign forms, do not themselves properly understand the term "modern." There is, in fact, no real theory of "the modern." "Modernist" art is characterized by pieces of a particular artistic style, and this is as much a question of revolution over time and among individuals. That great revolutionary Beethoven met Giulietta Guicciardi in 1801, and the following year dedicated to her a lovely piece of music, now known as the *Moonlight Sonata*. Beethoven did not decide to write a great piece of music called the *Moonlight Sonata* because of her, nor was he pushed into doing it. New grass grows in the great excitement and inspiration which is the destiny of the human mind. Our composer Baatarsüh received a request to write music for a TV broadcast. When the cultural critic J. Badraa heard it, he called it "Skyblue Tassels." This music then became famous as a piece called "Skyblue Tassels."

The State Prize-winning poet D. Tsoodol, in an interview with me published in 1996 in *Bilguun Sudar,* pointed out that my poems were "very different from traditional Mongolian poetry."

"Sure," I said. "I write my poems in an avant-garde style, following the modernist school. Briefly put, I express in poetry the subject matter which I don't want to put into my drawing.

"The fictions in *A Row of Ducklings* were written in this style. I was the first modernist of contemporary Mongolian poetry."

Let's listen to a conversation I had with the poet L. Myagmarsüren.

L.M.: The *Mongol Times* published a front-page story about you in regard to what they called a new style in Mongolian art—Mahayanism, or Oidov's primary philosophical standpoint. Could you explain that a little?

Ts.O.: There's a lot to say about that. But the main thing which distinguishes my many thousands of pieces from the others is that they have form, they're figurative. From the stylistic point of view, they're quite new. I firmly believe that, in this way, my art can be an independent style, taking its place in the art world....

L.M.: When do you see yourself having begun to work in a modernist style?

Ts.O.: In 1974, I went straight into the final year at the Academy of Figurative Art, from which I graduated after one year, as opposed to the normal four. At that time, I was interested in, and studied, many different schools of art, and I began to make various experiments with my own work. I think that, from that time, my works have expressed an avant-garde tendency. As well as painting, during the 1980s, I made a new turn and began writing poems in a modernist form.

L.M.: Have your poems been published?

Ts.O.: I've kept them hidden, rather than have them published. It's twenty years now since I began to write poetry, and only "Snow Melody" has been published—that was about ten years ago, in *Sports News.* I read "Giingoo" on the radio on 11 March 1983, and that's all.

L.M.: Have you written a lot of poems?

Ts.O.: Many hundreds of them.

L.M.: Were there at that time any other poets known for using strange forms?

Ts.O.: There was D. Urianhai. The dominant generation of poets today imitated B. Yavuuhulan, and afterwards moved towards Lhagvasüren.

L.M.: Young people today talk about writing modernist poetry. How do you view this?

Ts.O.: I am happy that, while they have still not discovered a way to realize their poetic work, they remain enthusiastic. The spark of new light in Mongolian poetry which I so desired during the 1970s and 1980s has today already sent out its flames.

Mahayanism, then, was the "new style in Mongolian art" for the twenty-first century, which the *Mongol Times* described in the headline to this interview with Myagmarsüren, published on 15 January 1995. Mahāyāna Buddhism is considered the superior vehicle for Buddhism, its practitioners cultivating the mind which dedicates the activity of their body and mind to the needs of others, while abandoning their own needs. My own personal approach to the Mahāyāna corresponds to a secret relationship with these ideas.

A person takes birth in the world, lives for a while, goes their own way, and leaves their traces behind. The collection of artwork conforms with precisely that custom. Generally we can see art as two great oceans, as different as East and West.

Those in the East revere the West, but have begun to talk about art, saying that the twenty-first century will be the century of Eastern artistic culture. Today, the time has already come for artists to continue to analyze the philosophy of eastern art.

Having combined Buddhist wisdom with my life, the direction of my work was all but inevitable. The living spirit of the Mahāyāna flow was a combination of wisdom and skillful means, the five elements, the past and the present and the future. space and time, destiny, and the seven tones of the world.

As far as the qualities and nature of the world in my own work is concerned, there is unity, and as far as the mutual transformation and influence on everything is concerned, it is true to life, and this opens up the secrets of deep meaning in false existence and in that which does not exist.

The original compositions were created like a jumble of lines and, through the magic whereby space is elegantly controlled, these lines do not violate the principles of balance.

These pieces represent the secret power of wisdom. Now and in the future they will exist as notes to hidden feelings.

From every physical form in the world comes an empty living point of gold. A person awakens this point of gold through magic.

To the seven tones of the world I add the eighth tone, which is the warmth of the heart, and so melody and meaning are created.

The combination of poetry and image in this book holds the qualities of compassion and kindness. May even my enemies pray with a pure heart and worship the teaching which is created in this way.

In contemplating this new art, I am forever fleeing like a shy horse from monkey-like imitation. I pray that my red horse may always know and sense another.

I have sought to produce a small planet containing the amazing culture which the Mongolians have inherited from the nomadic people across the vast areas of the East.

I have deep faith in the fact that my Mahāyāna movement can be an independent approach to everything embodied in this special new form of philosophical art which seeks to express the self.

I have spoken a little of the pressure on Mongolian art during the socialist period. We use the term "dark era" to refer to the time when we faced this artistic catastrophe. In 1990, a new democratic revolution arose in Mongolia, and this I have called "the end of the dark era."

Tseveendorjin Oidov, the dark wolf, the deathless one.

21 October 2014, the eighth day of the new moon in the final month, the dark dog, of autumn, in the wood monkey year of the seventeenth sexagenary cycle, called the "savior sun."

A CLARIFICATION

From an interview with the State Prize-winning People's Writer D. Tsoodol, first published thirty-five years ago in the newspaper Bilgüün Sudar, *for the clarification of those who would read from my many thousands of poems.*

D.Ts.: I really didn't know you wrote poetry.

Ts.O.: People don't know about it. You know, I have two recognizable styles. My friends knew about them during the 1970s and 1980s. Only later did I understand that my poems were in fact poems.

D.Ts.: Your poems are quite different from traditional Mongolian poetry.

Ts.O.: Sure, I write my poems in an avant-garde style, following the modernist school. Briefly put, I express in poetry the subject matter which I don't want to put into my drawing. The fictions in *A Row of Ducklings* were written in this style. I was the first modernist of contemporary Mongolian poetry.

D.Ts.: Do you see your poetry as a continuation of your pictures and your drawings?

Ts.O.: I look at my pictures, and there are many things there other than traditional pictures. And the poems express the images in words.

Interview with Döngödiin Tsoodol, 1979, Bilgüün Sudar.